Bibliografische Information Der Deutschen Nationalbibliothek
Die Deutsche Nationalbibliothek verzeichnet diese Publikation
in der Deutschen Nationalbibliografie; detaillierte
bibliografische Daten sind im Internet über
http://dnb.ddb.de abrufbar.

Bernhard Pörksen / Andreas Narr (Hrsg.)
Schöne digitale Welt.
Analysen und Einsprüche von Richard Gutjahr, Sascha Lobo,
Georg Mascolo, Miriam Meckel, Ranga Yogeshwar und Juli Zeh
edition medienpraxis, 18
Köln: Halem, 2020

Die Drucklegung dieses Bandes wurde durch folgende
Förderer ermöglicht: Universitätsbund Tübingen und
Kreissparkasse Tübingen

Print: ISBN 978-3-86962-477-8
E-Book (PDF):   ISBN 978-3-86962-478-5
E-Book (EPub):   ISBN 978-3-86962-479-2

ISSN 1863-7825

REDAKTION: Daniela Nagy, Judith Schächterle und Sibylle Hasse
UMSCHLAGGESTALTUNG: Bruno Dias, Porto (Portugal)
SATZ: Herbert von Halem Verlag
DRUCK: FINIDR s.r.o., Tschechische Republik
Copyright Lexicon © 1992 by The Enschedé Font Foundery.
Lexicon ® is a Registered Trademark of The Enschedé Font Foundery.

Bernhard Pörksen / Andreas Narr (Hrsg.)

Schöne digitale Welt

Analysen und Einsprüche von Richard Gutjahr,
Sascha Lobo, Georg Mascolo, Miriam Meckel,
Ranga Yogeshwar und Juli Zeh

HERBERT VON HALEM VERLAG

Dem Tübinger Publikum

Inhaltsverzeichnis

Bernhard Pörksen

Aufklärungspessimismus als politische Gefahr. Über die falsche Lust am Untergang – eine Einführung

I. Das Duell der Dystopiker

Es gibt einen Moment der plötzlichen Verwandlung, in dem das Gute und eigentlich Gutgemeinte zum Schlechten wird, die vermeintliche Lösung zum drängenden Problem, die richtige Idee zum neuen Horror. Heraklit, der Philosoph des Wandels, hat dies das Gesetz der Enantiodromie genannt, das Umschlagen der Dinge in ihr Gegenteil. Derzeit lässt sich das Umkippen von vielleicht einmal nützlich und sinnvoll erscheinenden Warnungen in Richtung des Totalpessimismus beobachten, die Flucht in den Fatalismus. In der Gesellschaftsanalyse und der Zeitdiagnostik regiert inzwischen eine apokalyptische Eskalationsrhetorik, die sich beim besten Willen nicht mehr als ein nützlicher Hinweis auf drohendes Unheil interpretieren lässt, sondern nur noch als brutale Entmutigung engagierter Milieus. Wie wird heute über unsere Gegenwart nachgedacht? Wie wird in Zeiten, in denen sich das Engagement gegen Populisten und Rechtsradikale und für eine gelingende Integration, gegen den Klimawandel und gegen die Vermüllung des Planeten und der öffentlichen Sphäre dringend intensivieren müsste, die Zukunft beschrieben? Die Antwort: düster, deterministisch, dystopisch. Regiert von Urängsten und einer Untergangsfurcht, die kaum noch beherrschbar erscheint, weil sie derart dröhnend und furios artikuliert wird. Die Botschaft der alten und neuen Unheilspropheten lautet in endloser Variation: Es ist aus, Freunde! Ihr seid zu Recht total verzweifelt!

Keineswegs regiert ein solcher Totalpessimismus nur im Feld der Rechtspopulisten, die aus Anlass der Flüchtlingskrise den Kontrollverlust beschwören, das Land als Opfer von ›Messermigranten‹, arabischen Clans und islamistischen Terroristen visionieren. Hier gehört der Abgesang – in Kombination mit der Defensiv-Utopie nationalistischer Abschottung – traditionell zum Grundton der Gegenwartsdeutung. Die tatsächlich beunruhigende Nachricht lautet: Die Intellektuellen der Mitte, einst Garanten des Widerstands gegen das antiliberale Denken, sind dabei eine antiliberale Anthropologie zu adoptieren, die sie ihren Gegnern, den Unheilspropheten von rechts, formal immer ähnlicher werden lässt. Und auch sie, die Stichwortgeber einer im Letzten schlicht ratlosen Mitte, haben sich längst auf einen Überbietungswettbewerb apokalyptischer Warnungen eingelassen. Machen mit beim großen Duell der Dystopiker, das dem Motto folgt: Wer schafft den maximal hysterischen Abgesang? Drei Prophezeiungen sind derzeit besonders populär: die Polit-Dystopie, die den Zerfall der Demokratie und die Wiederkehr des Faschismus beschwört; die Kommunikations-Dystopie, die von der Anarchie des Diskurses handelt; die Manipulations-Dystopie, die die totale Überwältigung und das baldige Verschwinden des Menschen behauptet. All diese Untergangserzählungen zeigen das Umschlagen gutgemeinter Warnungen in einen

Aufklärungs- und Bildungspessimismus, der vorschnell beerdigt, was man eigentlich befördern möchte: Autonomie, Mündigkeit, selbstbewusste Gegenwehr.

II. Die Polit-Dystopie: Vom Ende der Demokratie und der Wiederkehr des Faschismus

Im Jahre 1989 formulierte der Politologe Francis Fukuyama eine global diskutierte Diagnose. Sein Befund: Das »Ende der Geschichte« sei gekommen, der Triumph der liberalen Demokratie nach dem Ende des Kalten Krieges final. Ganz anders hingegen der Sound, den die Stimmungsbücher der Stunde intonieren: »Der Zerfall der Demokratie« (Yascha Mounk), »Wie Demokratien sterben« (Steven Levitsky/Daniel Ziblatt), »How Democracy Ends« (David Runciman). Das heißt nicht, dass die Autoren die alarmierenden Indizien (die Situation in einzelnen Ländern wie der Türkei, Polen, Ungarn), die Angriffe auf Migranten und Minderheiten in Europa und den USA, die Attacken von Donald Trump auf demokratische Prinzipien (die Unabhängigkeit von Justiz und Medien, ein Minimum an Respekt gegenüber dem politischen Gegner) stets linear zu einer einzigen Niedergangsgeschichte verdichten. Sie diskutieren ihre eigene Titelthese durchaus skeptisch. Und doch ist die Lust am Abgesang aufschlussreich, der Alarmismus symptomatisch. Denn die unter Politikwissenschaftlern heftig umstrittene Behauptung vom Sterben der Demokratie und dem Ende der offenen Gesellschaft ist längst zum Smalltalk der Gesellschaftsanalyse mutiert. »Überall auf der Welt«, so bekommt man in der Frankfurter Rundschau zu lesen, sei man in eine »Phase der Postdemokratie« hinein gerutscht. Die Demokratie erlebt »den schlimmsten Rückschlag seit den faschistischen Dreißiger Jahren«, so heißt es in der *Süddeutschen Zeitung*. »Is democracy dying, or perhaps already dead?«, so fragen sich Wissenschaftler, die auf der Plattform *The Conversation* diskutieren. Es ist nach der Jubelarie von Fukuyama ein düsterer Hegelianismus, eine Fixierung auf den Verfall als Flucht- und Endpunkt der Geschichte, der allmählich zur beherrschenden Denkform wird. Ist nicht, so fragen Journalisten routiniert, wenn in Chemnitz die Rechten marschieren oder im Bundestag mal jemand pöbelt, längst »ein Hauch von Weimar« spürbar? Leben wir, wie die Sozialwissenschaftlerin Naika Foroutan glaubt, noch in einer »präfaschistischen Phase«? Muss man das Schlimmste vermuten, weil schon Donald Trumps »hervorstehender Unterkiefer«, wie der Historiker Robert O. Paxton vermerkt, an die Physiognomie von Benito Mussolini erinnert? Oder ist mit Trump ein zeitgemäßer Faschist, wie etwa der Kommunikationswissenschaftler Fred Turner meint, bereits an der Macht? Man kann eine derartige Erklärungshysterie verspotten, aber sie ist gleich dreifach fatal. Zum einen behauptet man einen Automatismus geschichtlicher Entwicklung und propagiert eine Geschichtsphilosophie, die von der unaufhaltsamen Wiederkehr des Bösen handelt. Zum anderen verengt man die Denk- und Dialogmöglichkeiten durch das leichtfertige Hantieren mit monströsen Großbegriffen, die maximal diffamieren. Und schließlich kann sich das Narrativ des Niedergangs in eine selbst erfüllende Prophezeiung verwandeln. Man entmutigt in einer Phase, in der die Mitte der Gesellschaft eines bräuchte: Mut.

III. Die Kommunikations-Dystopie: Von der Anarchie des Diskurses und dem Ende der Wahrheit

Im großen, grummelnden Selbstgespräch der Republik herrscht inzwischen die Gewissheit, dass wir in öffentlichen Debatten und Diskussionen heute vor allem eines erleben: das feindselige Gegeneinander, nicht mehr das um den Kompromiss und Konsens bemühte Miteinander. »Ruhe sanft, öffentlicher Diskurs, du warst der größte

Gastgeber aller Zeiten«, so heißt es in einem Roman der Schriftstellerin Juli Zeh mit dem Titel *Leere Herzen*, der das Spiel mit apokalyptischen Ängsten grell überzeichnet. »Hattest immer Platz an Deinem Tisch (...), konntest Kampf sein und Spiel, aber auch Heimat und Ziel. Wir bleiben zurück, ungetröstet, vereinzelt, verstört«. Das ist – im Gewand der Fiktion und der erkenntnisförderlichen Zuspitzung – die Ultrakurzformel der Kommunikations-Dystopien der Gegenwart. Man hat heute einfach Angst. Angst vor dem Zerfall der Gesellschaft, dem Ende von Respekt und Rationalität. Angst vor der Auflösung von Wahrheit, der Fake-News-Schwemme und dem Diskursinfarkt in einer Welt der Hassattacken, der gefühlten Gewissheiten und der bizarren Verschwörungstheorien. Und tatsächlich gibt es jede Menge bedrückende Befunde zur Macht der Desinformation, zur Erosion von Autorität und Vertrauen, ohne Frage. Aber muss man deshalb gleich – das ist nun seit Jahren die Leitvokabel der Gegenwartsdeutung – die postfaktische Ära (*New York Times*), den Abschied von der Wahrheit (*New Yorker*) und das Ende des Aufklärungszeitalters (*Neue Zürcher Zeitung*) ausrufen, also eine tatsächlich erlebbare Kommunikations- und Wissenskrise zum bereits feststehenden Resultat der Menschheitsgeschichte umdeuten? Eben hier, in der Wahl solcher Resignationsvokabeln, wird die toxische Kraft des Totalpessimismus spürbar. Sie lässt die Anstrengung der Verständigung als prinzipiell nutzloses Unterfangen erscheinen. Sie lähmt im starren Blick auf die selbst produzierten Bilder totaler Aussichtslosigkeit das eigentlich nötige Engagement.

IV. Die Manipulations-Dystopie: Von der Überwältigung und dem Verschwinden des Menschen

Derzeit gebe es, so witzelte schon vor etlichen Monaten das Magazin MIT *Technology Review*, vor allem zwei tonangebende Gruppen von Digital-Erklärern, die Internet-Pessimisten und die deprimierten ehemaligen Internet-Optimisten. Und tatsächlich hat sich, spätesten mit dem Sichtbarwerden der Massenüberwachung, den Desinformationsattacken im amerikanischen Schmutzwahlkampf und dem Cambridge-Analytica-Skandal, die Stimmung verdüstert. Aus Euphorie ist Ernüchterung geworden, aus den Träumen von einst, die das Netz als gigantische Demokratisierungsmaschine feierten, die wütende Anklage und der enttäuschte Abgesang. Es ist die Angst vor der totalen Manipulation, die das Denken der Digital-Dystopiker beherrscht – ganz gleich, ob sie die (empirisch unhaltbare) Filterblasen-Theorie eines Eli Pariser verfechten, Algorithmen als diffus-unheimliche Hintergrundmächte präsentieren, das Smartphone wahlweise als perfides Instrument der Überwachung oder als ein Gehirn erweichendes Suchtmittel beschreiben oder aber den zyklisch gehypten Science-Fiktion-Ideen der Transhumanisten und Körperverächter auf den Leim gehen, die wie Ray Kurzweil oder Kevin Kelly eine daten- und maschinenförmige (und damit unsterbliche) Existenz als nächsten Evolutionsschritt herbei phantasieren.

Auch hier gilt selbstverständlich: Es wäre falsch, so zu tun, als seien all diese Warnungen einfach nur Phantasien eines apokalyptisch gestimmten Geistes. Darum geht es nicht. Und es ist auch nicht schlimm, wenn ein paar Leute vielleicht ein bisschen übertreiben. Wie etwa der Angstunternehmer Manfred Spitzer, der die These vertritt: »Wir ziehen eine Generation von Behinderten heran.« Wie der gefeierte Historiker Yuval Noah Harari, der das Zeitalter des Menschen schlicht verabschiedet, um die Epoche der übermächtigen Maschinen zu beschwören, die Auflösung von Moral, Gewissen und Individualität im Datenstrom. Wie die KI-Expertin Yvonne Hofstetter, die behauptet: »Der freie, selbstbestimmte Mensch der Aufklärung vergreist, der digitalisierte Mensch, Homo informaticus, der selbst nicht mehr als eine neuro-biochemische Maschine ist, greift immer mehr um sich und verdrängt seine Vorläufer rasch«. Das eigentliche Drama ist nicht der Daueralarmismus, sondern die Entmündigung höherer Ordnung, die sich als Fundamentalkritik maskiert und die eigene Apokalypsegeilheit als unerschrockene Analyse ausgibt. Tatsächlich lässt sich das autonome Subjekt und das kreative Individuum in einem derart eng geknüpften Netz von perfekter Vorausberechnung und unvermeidlicher Überwältigung gar nicht mehr denken. Kurzum: Das Geschäft der Digital-Dystopiker ist die Entmutigung, ihre Spezialität die dehumanisierte Theorie. Hier schlägt das Denken um in sein Gegenteil. Denn die Horrorvision stellt geistig her, was man angeblich verhindern will: das Verschwinden des Menschen.

V. Das Sinnvakuum der ratlosen Mitte

Was sich in der Rede vom Ende der Demokratie, der Gesellschaft oder des Humanen zeigt, ist die Umdeutung der Geschichte zur Naturgewalt und der Abschied von einer prinzipiell optimistischen Anthropologie. Ein solcher Austausch der Menschenbilder – vom Aufklärungsvertrauen zum Bildungspessimismus – kommt in einem tatsächlich definierenden Moment der Zeitgeschichte einer diskursiven Selbstentmachtung gleich. Man denkt sich selbst wehrlos. Dabei muss, weil niemand die Zukunft kennen kann, die Frage offen bleiben, ob das Zeitalter der Aufklärung tatsächlich vorbei ist. Geht die Welt gerade wirklich unter oder will sie uns nur etwas mitteilen? Der Dramatiker Heiner Müller hat einmal gesagt: Optimismus ist ein Mangel an Information. Manchmal mag dies zutreffen. Heute gilt jedoch umso mehr: Pessimismus ist ein Mangel an Ideen. Denn es fehlt in den Wohlstandszonen dieser Republik die mitreißend formulierte Erzählung von einem geeinten Europa. Es fehlt eine Vision ökologischer Modernisierung, eine Utopie digitaler Mündigkeit und ein Konzept der gelingenden Integration. Derartige Zukunftsbilder haben in Zeiten des demoskopischen Regierens, des ängstlichen Abtastens von Stimmungen und der hektisch ausgestoßenen Slogans (»Digitalisierung first, Bedenken second«; »Chancenland«; »Wir schaffen das«; »der Islam gehört zu Deutschland«; »Vereinigte Staaten von Europa«; »konservative Revolution«) keinen parteipolitischen Ort. Deutlich wird überdies, dass die ratlose Mitte ihren Verlust an Ausstrahlung und Magie auch der Tatsache verdankt, dass sie der populistischen Polarisierung – wir gegen die, Deutsche gegen Migranten – keine programmatische Polarisierung entgegen setzt und das elektrisierende Denken in Alternativen, großen Entwürfen und langen Linien nicht mehr praktiziert. Eben weil die sinnstiftenden Erzählungen der Mitte weithin fehlen und man die eigenen, überwältigenden Krisengefühle mit solcher Hingabe pflegt, kann der Extremismus der Erregung derart ungehindert wuchern. Und auch deshalb schlägt die große Stunde der Emotionsproduzenten von rechts.

Es lohnt sich in dieser Situation einer diskursiven Selbstentmachtung der gesellschaftlichen Mitte daran zu erinnern, dass Geschichte von Menschen gemacht wird und die gegenwärtig so populären Dystopien ein Symptom der Denkfaulheit sind, letztlich eine selbstproduzierte Verödung visionärer Phantasie. Und was bleibt, im Ernst gefragt, wenn man den Aufklärungsgedanken leichtfertig verabschiedet? Der Ruf nach schärferen Gesetzen? Die raffinierte Bevormundung, *nudging* für die vermeintlich doofe Masse? Die Rückkehr zu einer Elite der Wissenden, einer »Epistokratie«, wie der Politikwissenschaftler Jason Brennan im Ernst fordert? Demokratie lebt von der Idee der Mündigkeit. Und dem Vertrauen darauf, dass Bildung gelingen kann.

Im Sinne eines solchen Eintreten für die Idee und die Ideale der Aufklärung wollen auch die hier abgedruckten Essays gelesen werden. Sie sind dem Bemühen um engagierte Zeitgenossenschaft geschuldet. Ihre Autoren zielen, ganz gleich, ob es um Fake News und Hassrede (Richard Gutjahr, Georg Mascolo), die

Ethik und Zukunft der Künstlichen Intelligenz und der algorithmischen Informationssortierung (Miriam Meckel, Ranga Yogeshwar) oder aber die Folgen der Vernetzung für Individuum und Gesellschaft (Sascha Lobo, Juli Zeh) geht, auf die Intervention. Sie wollen wirken, die aktuell vorherrschende Problemtrance der Gesellschaft durch eine Form der Analyse und Kritik verstören, die Freiräume des Denkens und Handelns überhaupt erst wieder erkennbar und erfahrbar macht. Und sie zeigen bei aller Unterschiedlichkeit der Ansätze und Inhalte, warum demokratisches Bewusstsein vom Aufklärungs- und Mündigkeitsgedanken lebt, also selbst idealistisch ist und die Ermutigung zum Engagement schon in sich trägt.

Bernhard Pörksen
Tübingen, im November 2019

Richard Gutjahr

Digitale Empathie.
Eine biografische Skizze zu Richard Gutjahr –
Vorbemerkung der Herausgeber

Die Grünen-Politikerin Renate Künast wird seit etlichen Jahren im Netz beschimpft. Auf Facebook und Twitter nennt man sie eine »Schande für Deutschland«, attackiert sie im Dunkel der Anonymität als »grünes Gesindel«. »Einfach abschießen, dieses Pack«, so fordert jemand. »Die packt doch keiner an« schreibt ein anderer. In ihrem Büro steht ein Ordner mit den Drohungen online agierender Wutbürger, die ihre Mitarbeiter zur Anzeige gebracht haben. Eines Tages beschließt die Politikerin gemeinsam mit einer Journalistin jene Männer, von denen sich eine Adresse ausfindig machen lässt, aufzusuchen und sie zu fragen, warum sie derart wütend sind und sie so brutal diffamieren. Aufschlussreich ist: In der direkten Begegnung erlischt der Hass sofort, mehr noch: er wird gar nicht erst artikuliert. So fragt sie einen der Hater: »Wollen wir denn so in einer Demokratie miteinander reden?« Er habe das alles doch gar nicht so gemeint, so sagt er. Ihm sei auch gar nicht klar gewesen, dass sie seine Ad-hoc-Kommentare überhaupt lese.

Durch den Besuch vor Ort entsteht eine Situation, die die Begegnung von Mensch zu Mensch erlaubt und Berührbarkeit und Verständnis ermöglicht. Man schaut sich an, sieht den anderen vor sich, registriert seine Gestik und Mimik, kann seinem Blick nicht ausweichen und erlebt seine Gekränktheit und Verletztheit unmittelbar und direkt. Wer hingegen auf der Tastatur vor sich hin tippt und auf Facebook über eine Politikerin her zieht, der befindet sich in einem anderen Modus; für ihn ist das virtuelle Gegenüber womöglich nur eine Projektionsfigur für den eigenen Hass, den man ohne Furcht vor Konsequenzen auslebt. Die Anschlussfragen lauten: Was kann man tun, wenn man doch weiß, dass das Künast-Experiment – der Hausbesuch bei den Hatern – eine absolute Sondersituation darstellt, aus der sich kein Rezept gegen die toxische Enthemmung ableiten lässt? Wie fördert man Mitgefühl oder entdeckt dieses wieder neu, zumal unter den Bedingungen vernetzter, hoch nervöser, kaum kontrollierbarer, manchmal schlicht ekelhafter Kommunikation?

Richard Gutjahr, Journalist und Digital-Experte, hat sich diese Fragen gestellt. Und er ist wie wenig andere in der Lage, sie auch zu beantworten, dies aus einem doppelten Grund. Zum einen agiert er seit vielem Jahren an der Schnittstelle der alten und der neuen Medienwelt, ist daher mit dem Wechsel der Kommunikationsmodi und -formen praktisch wie theoretisch bestens vertraut. Gutjahr arbeitet nach einem Studium und dem Besuch der Deutschen Journalistenschule in München für zahlreiche Zeitungen (u. a. *Süddeutsche Zeitung*, *Rheinische Post*, *Münchner Abendzeitung*). Er ist freier Mitarbeiter bei der ARD und war bis vor kurzem beim BAYERISCHEN RUNDFUNK (Radio und Fernsehen) tätig. Für seine Veröffentlichungen hat er diverse Auszeichnungen erhalten (Ernst-Schneider-Preis für herausragenden Wirtschaftsjournalismus, Wahl zum Netzjournalisten des Jahres 2011 etc.) und wurde mehrfach für den Grimme-Online-Preis nominiert. Überdies arbeitet er als Moderator, Trainer, Vortragender und Unternehmensberater und lehrt an Journalistenschulen in Deutschland, Österreich und in der Schweiz. Zum anderen aber, auch dies muss erwähnt werden, ist Richard Gutjahr zum Ziel von Hassattacken geworden, die weit über das hinaus gehen, was eine Renate Künast erleben musste. Sie sprengen jedes vorstellbare Maß.

Zum Hintergrund: Am 14. Juli 2016 wird Richard Gutjahr durch Zufall Augenzeuge des LKW-Terroranschlags von Nizza. Er filmt das Geschehen mit seinem Smartphone, stellt dem Bayerischen Rundfunk das Material zur Verfügung, das weltweit verbreitet wird. Acht Tage später ist er in der Nähe eines Einkaufszentrums in München, als hier ein jugendlicher Amokläufer mit Verbindungen in die rechtsextreme Szene neun Menschen und dann sich selbst erschießt – eine Tat, die über Stunden hinweg in der Stadt für Aufruhr und Panik sorgt und von der er live berichtet. Seit diesem Tag werden Richard Gutjahr und seine Familie im Netz attackiert und in der analogen Welt bedroht. In den Hoch-Zeiten kursieren 1.200 Videos von Verschwörungstheoretikern auf YouTube, die von seiner angeblichen Verwicklung in die Anschläge handeln. Sie werden geteilt, geliked, auf der Weltbühne des Netzes mit Zustimmung und einem Verfolgungseifer kommentiert, der nicht selten vor Gemeinheit und Bösartigkeit trieft. Einmal schickt jemand seiner Tochter Bilder, auf denen eine Patrone zu sehen ist. Häufig handelt es sich um antisemitische Angriffe, denn Richard Gutjahrs Frau ist Jüdin und wird – auch dies kein Einzelfall, kein Ausreißer – als »Mossad-Monster aus der Hölle« geschmäht. Wie geht man damit um, wenn man zum Objekt von Wut und Hass wird? Wie erträgt man das Gefühl der Ohnmacht, wenn Morddrohungen – trotz zahlloser Aufforderungen, Nachfragen, juristischer Auseinandersetzungen – nicht gelöscht werden und auch der Schulweg der Kinder öffentlich wird? Was heißt es, wenn man bemerkt, dass selbst der eigene Arbeitgeber (damals der Bayerische Rundfunk) nicht wirklich begreift, dass hier nicht einfach ein paar Idioten vor sich hin toben, sondern dass man es mit einer asymmetrischen Kriegsführung zu tun hat, die einen Einzelnen vernichten kann und die ein Höchstmaß an Unterstützung und institutioneller Solidarität verlangt? Und wie kann man es vermeiden, in einer solchen Extrem-Situation selbst zu verbittern, im Schock zu erstarren?

Richard Gutjahr gibt in diesem Buch die Antwort eines entschiedenen Humanisten, der sich selbst im Moment der Attacken noch ein freundliches Herz bewahrt und die Anstrengung des Verstehens auf sich nimmt. Er analysiert die entfesselte Wut im Netz. Er zeigt, welche Verantwortung die Plattformen besitzen, aber auch jene vermeintlich kaum beteiligten User, die durch ihre bestenfalls gedankenlos gestreuten Likes das Verbrechen einer Menschenjagd feiern. Und er geht der Frage nach, wie der Ausstieg aus der Hass-Spirale gelingen kann und eine Kommunikation gestaltet sein muss, die die Fronten nicht weiter verhärtet, sondern aufbricht. Sein Schlussplädoyer für das persönliche und gesellschaftliche Lernziel der ›digitalen Empathie‹ könnte aktueller nicht sein. Es gilt, die eigene moralische Sensibilität zu schulen. Und es gilt im Prozess dieser Sensibilitätsschulung, asymmetrische Netzwerkeffekte mitzudenken, die sich erst aus dem Zusammenspiel von Menschen, Medien und Maschinen ergeben.

Richard Gutjahr

Die Hass-Spirale: Im Visier von Verschwörungstheoretikern. Ein Erfahrungsbericht

Es gibt eine großartige Karikatur im *New Yorker*. Da sitzt ein Hund am Computer. Er erklärt dem anderen Hund neben ihm: »On the Internet nobody knows you are a dog«. Dieser Cartoon ist wie ich finde deshalb so bezeichnend, weil er sehr gut unsere ambivalente Haltung gegenüber dem Internet beschreibt. Zuerst dachten wir, das Internet sei eine Demokratie-Maschine. Es hilft, mit anderen Menschen in Kontakt zu treten, Wissen zu teilen und zu vermehren. Heute merken wir, dass das Netz auch negative Effekte hat und wir lernen das auf ganz unterschiedliche Arten. Ich für meinen Teil habe es auf die harte Tour gelernt. Und ich möchte deshalb heute über ein wichtiges Thema reden, nämlich über den *Hass* im Netz.

Hass hat viele Gesichter, in meinem Fall waren es Verschwörungstheorien, die meiner Familie und mir zum Verhängnis werden sollten, ein Genre, das ich bislang immer mochte. Ich habe ein Faible für Stories, in denen nichts so ist, wie es anfangs scheint. Geschichten über fremde Mächte, die uns manipulieren, die Ermordung von John F. Kennedy etwa oder – der Klassiker – die Mondlandung, die nichts weiter war als ein inszenierter Fake aus Hollywood. Doch mit dem Internet haben die ›guten alten‹ Verschwörungsgeschichten von einst ihre Unschuld verloren. Sie sind zu einer mächtigen Waffe geworden und sie können Existenzen zerstören. Wir alle erinnern uns an die Twin Towers und die Gerüchte, die sehr schnell die Runde machten, wonach das World Trade Center von US-Geheimdiensten kontrolliert gesprengt worden sei. Man muss sich vergegenwärtigen, dass 9/11 seinerzeit noch ohne Facebook, ohne Twitter, ohne Smartphones und YouTube stattgefunden hat. Nicht auszudenken, was los wäre, würde sich eine Tragödie dieser Dimension heute ereignen. Sie wäre medial nicht mehr in den Griff zu bekommen.

Es ist bizarr. Im Jahr 2019 glauben offenbar mehr Menschen, dass die Erde flach ist, als noch vor 30 Jahren, vor dem World Wide Web. Allein die Homepage der Flat Earth Society verzeichnet 300.000 Abrufe täglich. Und das in einem Zeitalter, indem wir das Wissen der Welt in unserer Hosentasche tragen. Enzyklopädien, wissenschaftliche Studien und Archive, auf die früher allenfalls Könige und Kaiser, Gelehrte oder Geheimdienste Zugriff hatten, sind heute für jeden zugänglich. Doch statt Wissen zu vermehren, sind heute Desinformation und Propaganda auf dem Vormarsch. Woran liegt das?

Verschwörungstheorien benötigen stets einen Bösewicht. Das sind – soweit hat sich seit James Bond und dem kalten Krieg nicht viel verändert – die Russen. Doch jüngst haben sich die Rollen vertauscht. Russische Quellen, wie etwa *Russia Today* oder die sagenumwobene Internet Research Agency, besser bekannt als Troll-Fabrik aus St. Petersburg, gehören unter Verschwörungstheoretikern heutzutage zu den Aufklärern, im Kampf gegen ein allgegenwärtiges weltumspannendes Verschwörer-Regime. Hinter der sogenannten ›New World Order‹, jener geheimen Supermacht, die im Hintergrund sämtliche Strippen zieht, stecken wahlweise Illuminaten, Freimaurer, Zionisten, Rothschilds, Bilderberger. Wie seit jeher gibt es da immer auch starke Bezüge zu antisemitischen Verschwörungstheorien über ein Welt- oder Finanzjudentum. Diese geheimen Herrscher malen also die Chemtrails an den Himmel und verseuchen unsere Luft und auch das Trinkwasser. Und natürlich, da erzähle ich Ihnen nichts Neues, steht an der Spitze der Pyramide eine Geheimregierung aus Katzen, die letzten Endes die Menschheit mit ihren niedlichen YouTube-Videos unterjochen und versklaven möchte. Sie sehen, Verschwörungstheorien haben auch immer etwas faszinierendes, etwas spielerisches, etwas fantasievolles und so gesehen könnte man sagen: harmlos.

Bis plötzlich etwas passiert, das sie selbst und ihre Familie über Nacht ins Zentrum einer Verschwörungstheorie rückt. Anfangs konnte ich es nicht glauben, aber so etwas geht schneller als man denkt. Und es passiert nicht nur Menschen wie mir, weil ich beim Fernsehen arbeite, weil ich Journalist oder viel auf Social Media unterwegs bin. Nein, es kann jedem einzelnen hier im Raum passieren, jedem von Ihnen. Ich kenne Opfer von Verschwörungstheorien, die nicht berühmt sind, die nicht im Fernsehen sind, die nicht für den *Spiegel* oder die *Süddeutsche* schreiben, die nichts davon machen, sondern einfach nur zur falschen Zeit am falschen Ort waren. Dazu später mehr.

Ich bin Journalist und wenn etwas passiert, wie seinerzeit der LKW in Nizza, der vor meinen Augen in die Menge steuerte, oder der Amoklauf von München, als ein Mann zehn Menschen am Rande eines Einkaufszentrums tötete, dann ist es meine Aufgabe, genauso wie bei einem Arzt, der zufällig an einem Unglücksort ist, dass er seinen Job macht. Eigentlich eine Selbstverständlichkeit. Aber nicht in Zeiten, in denen wir leben. Denn heute steckt hinter allem immer eine zweite, eine dritte, eine vierte Wahrheit, eine fünfte Deutung, denn grundsätzlich kann ja eigentlich alles nicht so stimmen wie das in den ›MSM‹, den Mainstream-Medien berichtet wird. So dauert es keine zwei, drei Tage bis auf einmal neue Begriffe auftauchen, wenn man meinen Namen googelt. Da erscheinen dann in der Suchmaske schon Assoziationen wie »Mossad«, »Hoax« oder »False Flag«. Noch härter wird es, wenn man nicht über Google sucht, sondern Videos auf YouTube anschaut. Heutzutage muss ja alles bebildert und multimedial ausgeleuchtet werden (Internet-Meme: »Pictures, or it didn't happen!«). Zu Spitzenzeiten haben sich, ich musste die Zahl im Laufe des letzten Jahres nochmal nach oben korrigieren, 1.200 Videos mit mir, meiner Tochter und meiner Frau beschäftigt. Man muss dazu sagen, meine Frau ist Israelin, das reicht schon, um in Wirklichkeit Mossad-Agentin zu sein. Wenn Sie mal zuviel Zeit haben, schauen Sie sich eines dieser Videos mal in Ruhe an. Entgegen der Beteuerungen vom YouTube-Mutterkonzern Google von vor drei Jahren, man arbeite an Lösungen, muss man festhalten: Die Hass-Videos über meine Familie und mich sind bis zum heutigen Tag online. Spinner und Populisten hat es schon immer gegeben. Doch noch nie hatten sie die Möglichkeit, mit wenig Aufwand ein Millionenpublikum zu erreichen. Vor allem YouTube sollte zu ihrer Bühne werden. Kein Ort im Netz ist ein größerer Nährboden für Volksverhetzung und Verschwörungstheorien – eine Petrischale des Hasses. Wie ein Inkubator werden die Hasskulturen durch die Autoplay-Funktion der Videoschleuder systematisch vermehrt und verbreitet. Der User muss nichts weiter tun, als zu warten. Nach zwei bis drei Video-Empfehlungen landet er bei Produktionen aus der sogenannten ›Truther‹-Szene. Und auf einmal ist man mitten drin, in einem Moloch aus volksverhetzenden und menschenverachtenden Verschwörungstheorien.

Es hat sich etwas verschoben in unserer Gesellschaft, und ich habe mich gefragt: »Was?«. Denn all die Jahre, die ich jetzt schon gegen diesen Shit-Tsunami ankämpfe, haben mir gezeigt, dass es sich um etwas Großes handeln muss, mit dem wir es hier zu tun haben. Irgendetwas hat sich in unserer Gesellschaft verschoben. Für mich lautet die Frage: »Was ist da wirklich passiert und warum?« Deshalb möchte ich in Anlehnung an Elisabeth Noelle-Neumann und ihre Schweigespirale aus den 1980er-Jahren heute eine Weiterschreibung dieser Theorie anbieten - und zwar die ›Schreispirale‹. Nach der Theorie, dass die Stummen noch weiter verstummen und die Lauten nur noch lauter werden (das war in den 1980er-Jahren, also im noch analogen Zeitalter), haben wir heute eine neue Kommunikationssituation, technisch, aber eben auch kulturell. Daher, glaube ich, muss die klassische Lehre erweitert werden.

Was ist passiert? Wie ist dieser Hass entstanden und was hat das Internet damit zu tun? Aus Ermangelung an besseren Beispielen vergleiche ich den gesellschaftlichen Prozess der letzten Jahre gerne mit einer Sonnenfinsternis. Bei der Digitalisierung und der weltweiten Vernetzung haben wir es mit einer bestimmten Aneinanderreihung von Faktoren zu tun, die so nur alle paar hundert Jahre zusammenkommen, ähnlich, wie das bei manchen Sternkonstellationen passiert. In Bezug auf die Kommunikation sprechen wir hier über etwas, was es mit dieser Wirkungsmacht vielleicht das letzte Mal vor 500 Jahren gegeben hat.

Wir alle erinnern uns an den ersten Blogger der Weltgeschichte – Martin Luther. Der wäre mit seinen Thesen bestimmt nicht so bekannt geworden, hätte er diese einfach nur an eine Tür der Schlosskirche zu Wittenberg genagelt. Niemand hier im Saal wüsste heute, wer dieser Typ überhaupt war. Nun gab es aber zufälligerweise nur wenige Jahrzehnte vor Luthers Thesenanschlag einen bemerkenswerten technologischen Sprung. Es handelte sich um das Facebook des Mittelalters, nämlich die Druckerpresse. Wann immer unterschiedliche Faktoren in der Geschichte zusammenkommen, biologische oder auch technologische Koinzidenzen, passieren krasse Dinge. Das läuft dann ähnlich ab wie bei einer chemischen Reaktion. In diesem Fall hat die Erfindung des Buchdrucks zu gesellschaftlichen Umwälzungen geführt. Durch die Alphabetisierung, also den Umstand, dass das Lesen und die Verbreitung von Schriften plötzlich nicht mehr allein dem Klerus und den Gelehrten vorbehalten war, setzte sich eine gigantische Kettenredaktion in Gang. Ein Domino-Day, ein kommunikativer Big Bang, wenn man so will. Ob

Bauernaufstand, die Spaltung der Kirche, das Ende des Feudalismus. Die Französische Revolution, wer weiß, das alles wäre vielleicht früher oder später auch so passiert, aber der Buchdruck beschleunigte diesen Prozess immens. Das Volk wurde mündig und damit auch mächtig, begehrte auf.

Bleiben wir in Frankreich und schauen wir in die Gegenwart. Die sogenannten ›Gelbwesten‹-Krawalle von Paris halten die Regierung in Atem. Der Präsident weiß nicht, wie er das Volk wieder besänftigen soll. Da werden Gesetze rückgängig gemacht, Kommissionen einberufen, trotzdem schwelt dieser Aufruhr in Paris Woche für Woche weiter. Was hat eine gewisse Jacline Mouraud damit zu tun? Die Antwort: Sie war der Auslöser. Sie warf den ersten Stein. Digital, versteht sich. Diese bourgeoise Madame hat ein iPhone-Video gemacht und hat es auf Facebook gepostet *où va la france*. Zu diesem Zeitpunkt, Mitte Oktober 2018, hatte sie noch nicht einmal nennenswert viele Follower. Aber vergegenwärtigen Sie sich einmal, was hier passiert ist: Tatsächlich hat sie in kürzester Zeit sechs Millionen Menschen mit ihrem Video erreicht und eine Lawine ins Rollen gebracht, die bis zum heutigen Tag weiter rollt. Die Digitalisierung verschiebt die Dinge, verschiebt unsere Gesellschaft, verschiebt Werte, auch Gesetze, sie verschiebt und schafft Fakten. Natürlich hat Digitalisierung in erster Linie mit Technik zu tun, deshalb fangen wir mit der Technik an.

Es ist viel geschrieben worden über Bots und Algorithmen. Wann immer man irgendetwas in unserer heutigen Welt nicht versteht, steckt dahinter ein böser Algorithmus, so wie einst die Götter, die für alle möglichen Phänomene, ob nun Feuer- oder Flutkatastrophe, verantwortlich waren. Tatsächlich gab es einen bösen Bot, der uns schon vor der Wahl von Donald Trump hätte Warnung sein müssen. Dieser Bot hatte sogar einen Namen, er, bzw. sie hieß ›Tay‹. In der Microsoft-Zentrale in Redmond hatte man die Idee, dass man dem Thema künstliche Intelligenz jetzt mal ein Gesicht, eine Stimme gibt. Man hatte die Idee, neben Alexa und Siri und wie sie nicht alle heißen, einen Bot zu programmieren, der sich anschaut, wie Menschen kommunizieren, diese Art der Kommunikation dann imitiert und versucht eigenständig und ohne menschliche Hilfe, Konversation zu betrieben. Um so etwas bewerkstelligen zu können, muss man eine künstliche Intelligenz mit vielen Daten füttern. Je mehr Daten die Maschine bekommt, desto besser wird sie. Soweit die Theorie. Man hat gesagt: Wir probieren das mal an ›Early Adoptern‹, also Leuten, die am intensivsten im Netz sind, das sind Jugendliche. Deshalb hat man versucht, Tay in einem Millennial-Kreis zu launchen und hat dafür auch entsprechend Werbung gemacht. »Je mehr du mit Tay chattest, umso intelligenter wird sie, sodass die Erfahrung für dich immer persönlicher wird«, so Microsoft zum Start des Experiments.

Schauen wir uns mal an was da passiert ist. Am 23. März 2016 morgens erblickt Tay das Licht der Welt. Dieser Tweet: »hellooooooo w🌐rld!!!« ist vom Bot selbst kreiert worden, das heißt, der Computer hat sich zuvor im Netz angeschaut, wie lauteten die häufigsten Tweets von neugegründeten Accounts und hat dann gesagt, okay, die meisten Neulinge haben geschrieben: »Hello world«. Dann hat er auch gesehen, dass Emojis auf Twitter offenbar beliebt sind, und das eben entsprechend imitiert. Soweit, so gut. Machen wir mal einen Zeitsprung und schauen ein paar Stunden weiter. Wir sehen, Tays Kommunikation ändert sich im Verlauf der Zeit: (»I hate niggers«, oder auch »HITLER DID NOTHING WRONG«). Es vergehen zwölf Stunden und Tay hat sich in einen mit Donald Trump sympathisierenden Neonazi verwandelt. Das ganze Experiment geriet dermaßen außer Kontrolle, dass Microsoft seinen Bot nach nicht mal 24 Stunden aus dem Netz nahm. Die Häme in der Presse war natürlich entsprechend. Was ist passiert? Der Bot ist ein ganz normales Computerprogramm, wie gut oder schlecht er programmiert war, kann ich nicht beurteilen. Aber dieser Bot war anfällig dafür, dass man ihm Dinge einflüsterte, die er dann ungefiltert übernommen hat. Da haben sich einzelne Gruppen tatsächlich einen Spaß gemacht und haben ihn beschossen mit entsprechenden Ausdrücken, sodass der Bot nach und nach sprichwörtlich gekapert worden ist und das getan hat, was man ihm beigebracht hat. Er hat die Sprache aus dem Netz übernommen und gespiegelt. Diesen Vorgang der Beeinflussung digitaler Kommunikation (zur Erinnerung: wir reden hier über den März 2016), haben wir wenige Wochen später beim Brexit-Referendum und ein paar Monate später bei den Präsidentschaftswahlen in den USA auf einer ganz anderen Ebene erlebt.

Übrigens, die Meldung, dass die Twitter-Bots im US-Wahlkampf allesamt für Trump gearbeitet haben sollen, stimmt so nicht, zumindest nicht in Gänze. Tatsächlich haben die Bots auch für Hillary Clinton Stimmung gemacht. Denn, selbst wenn das alles sehr nebulös ist und wahrscheinlich nie restlos aufgeklärt wird, sollte eine fremde Macht hinter diesen Bots gesteckt haben, dann war es deren Ziel nicht allein, Trump ins Amt zu pushen, sondern auch, einfach nur für Unruhe zu sorgen, die Demokratie zu destabilisieren.

Facebook-Gründer und CEO Mark Zuckerberg hat zwei Tage nach der Wahl von Donald Trump in einem Blogpost abgestritten, dass der knappe Wahlausgang etwas mit Facebook zu tun hat. Ein solcher Vorwurf sei absurd. Eine Aussage, von der er sich dann sehr schnell wieder distanziert hat. Kevin Systrom, einer der Gründer von Instagram, der Facebook nach sieben Jahren im Top-Management verlassen hat, hat in der *New York Times* einen beachtenswerten Satz formuliert: »Social Media is in a pre-Newtonian moment, where we all understand that it works, but not how it works«. Das halte ich insofern schon für sehr beachtlich, weil Systrom einer dieser ›Coder-Brains‹ ist, von denen man annehmen sollte, die wissen was sie da programmieren. Glauben Sie mir, ich kenne sehr viele Menschen bei Facebook, Google oder Twitter, die sind genauso blank wie der Rest der Welt.

Kommen wir zu einem weiteren Punkt – der Bildung. Aber nicht so wie Sie meinen. Es gibt immer diese Sonntagspredigten von Politikern, die lautstark fordern, wir bräuchten mehr Medienbildung in den Schulen. Ja, das ist richtig, Bildung ist immer gut. Ich möchte mit ihnen heute aber über Meinungsbildung reden und das ist, glaube ich, die viel entscheidendere Frage, die wir uns stellen sollten. Eines gilt es sich klar zu machen: Massenmedien gibt es noch gar nicht so lange, 200 Jahre vielleicht. Mit den Tageszeitungen hat es damals angefangen, es folgten Radio und Fernsehen, der Bildschirmtext. Was Massenmedien stets ausgemacht hat, ist die Tatsache, dass es einen Sender gibt und ganz viele passive Empfänger. Jemand hat den Sendemast oder die Druckerpresse und die Massen waren dazu verdammt passiv zu konsumieren. Natürlich konnte man einen Leserbrief schreiben oder einen Brief an den Intendanten, aber das war auch schon das höchste der Gefühle.

Jetzt wird es spannend, denn durch das Netz haben wir den sogenannten ›Rückkanal‹. Wir erinnern uns an die Radiotheorie von Brecht, also der Traum, dass aus jedem Empfänger auch ein Sender wird. An dieser Stelle hören leider viele Medienmacher auf, zu denken. Wenn sie mit einem Intendanten eines öffentlich-rechtlichen Rundfunks oder einem Verleger reden, dann sagt er (meistens ein ›er‹): »Ja, jetzt gibt es diesen Rückkanal«. Viele von diesen Lenkern meinen, das wäre die Welt, in der wir heute leben. Tatsächlich ist dieses Bild grundfalsch. So wandern Informationen im Netz von A nach B nach C und wieder zurück, parallel, kreuz und quer, 360 Grad in alle Richtungen, links und rechts, hoch und runter, durch alle Dimensionen und Achsen. Das kann live sein, das kann zeitversetzt sein. Was passiert hier? Ich würde sagen: Die Art und Weise wie wir digital kommunizieren ähnelt dem neuronalen Netzwerk des Gehirns. Es löst das Top Down der klassischen Medien, mit denen wir alle aufgewachsen sind, ab. Oben der Redaktionsleiter, ein Chefredakteur und unten die passiven Nachrichtenkonsumenten, die Rezipienten. Wenn Sie sich dieses Bild eines Netzwerks vergegenwärtigen, dann verstehen Sie auf einmal auch dieses Chaos in der Welt, sei es beim Arabischen Frühling, in Paris, in Charlottesville oder sonstwo. Denn wie viele Follower brauchen Sie, um einen Shitstorm, einen Volksaufstand auszulösen? – Einen, einer reicht! Natürlich gibt es Multiplikatoren, sogenannte ›Influencer‹, denen viele Menschen folgen. Aber der braucht nur einen einzigen Tweet von jemandem zu retweeten und schon explodiert die Nachricht und wandert um die ganze Welt. Und das verändert die Kommunikation, das verändert das bisherige Machtgefüge.

Ich versuche, Ihnen dies anhand eines Beispiels klarzumachen. Erinnern Sie sich an Gerhard Schröder, den einstigen Bundeskanzler? Keine Verschwörungstheorie, es gab auch andere Bundeskanzler vor Angela Merkel! Dieser Mann hatte einst die Medienwissenschaftler mit einem wunderschönen Satz bereichert, die älteren Semester hier im Raum werden sich vielleicht erinnern. Es sagte: »Zum Regieren brauche ich Bild, BAMS und Glotze«. Das war so einer seiner Knüllersätze, und er konnte von Glück sagen, dass es die sozialen Medien damals noch nicht gab, zumindest nicht zu seiner Zeit als regierender Amtschef, denn heute funktioniert Politik anders.

Donald Trump hingegen braucht zum Regieren nur: Twitter. Und was Trump in diesen wenigen Zeilen eines Tweets sagt, sagt alles: »The FAKE MSM« (gemeint sind die Mainstreammedien) »is working so hard trying to get me not to use social media. They hate that I can get the honest and unfiltered Message out.«

Lassen Sie sich diesen Satz mal auf der Zunge zergehen. Hier steckt im Grunde genommen alles drin, was Trumps Politikstil prägt und weshalb er so schwer zu greifen ist. Denn mit den alten Rezepten, wie Medien, wie Politiker, wie sogar seine eigene Partei versucht hat, ihn zu verhindern, das greift nicht mehr. Denn er kann jetzt vorbei an allen klassischen Gatekeepern, seine Botschaft direkt zum Volk bringen.

Natürlich wäre es ein Irrglaube, dass Twitter von allen Menschen verwendet wird. In Deutschland sind zum Beispiel nur sieben Prozent aller Onliner überhaupt bei Twitter und die meisten davon wahrscheinlich gar nicht aktiv. Twitter allein würde das also nicht schaffen. Aber wenn Trump eine Behauptung formuliert (zum Beispiel: »Obama hat mich im Vorwahlkampf abhören lassen«), dann ist sie in der Welt und in der Öffentlichkeit. Was machen Sie da als Journalist? Sagen Sie: »So ein Blödsinn, das bringen wir nicht!« ?

Was meinen Sie, wie groß das Geschrei wäre: »Zensur! Lügenpresse! Die versuchen, das zu verheimlichen!« Verstehen Sie, ein Journalist kann nicht *nicht* berichten, das geht nicht. Und schon hat Donald Trump sie da, wo er sie haben will. Deswegen müssen Journalisten über jedes Stöckchen springen, das der US-Präsident nachts um drei twittert. Hinter diesem Phänomen steckt etwas sehr Beachtliches.

Es geht nämlich um nicht weniger als um eine Neuverteilung der Deutungshoheit, ich würde sogar sagen wollen: der Deutungsmacht. Wer hat das Sagen? Wer definiert, was richtig, was falsch ist, was Fakt und was alternative Fakten sind? Wir müssen nicht zu Trump und ins Weiße Haus schauen, wir können vergleichbare Phänomene auch bei uns in Deutschland beobachten und sehen, wie sie zustande kommen. Ich möchte ihnen das anhand eines Beispiels aus der aktuellen politischen Debatte demonstrieren. Es geht um den Begriff ›Hetzjagden‹. Auf der Bundespressekonferenz in der Woche nach dem Neonazi-Auflauf in Chemnitz benutzte Regierungssprecher Seibert den Begriff ›Hetzjagden‹. Wörtlich sagte er: »Solche Zusammenrottungen, Hetzjagden auf Menschen anderen Aussehens oder Herkunft [...] das nehmen wir nicht hin«. In einer Welt vor dem Internet wäre jetzt in den Tagesthemen der Wetterbericht gekommen und damit wären wir alle ins Bett gegangen. Nicht in einer digitalen Welt, in der die Deutungshoheit nicht mehr allein bei den klassischen Meinungsführern und Gatekeepern liegt. Tatsächlich dauerte es nur wenige Stunden bis im Netz die ersten alternativem Deutungsversuche, was dieses Wort ›Hetzjagden‹ betraf, die Runde machten. Es wurde sogar ein eigener Hashtag #Hetzjagd geboren.

Wieder würde ich Ihnen auch hier einen Ausflug zu YouTube empfehlen, das haben viele gar nicht so auf dem Radar, aber YouTube ist zu großen Teilen die Kloake des Internets geworden. Schauen Sie sich an, wie dort das Wort ›Hetzjagd‹ und vor allem von wem, durch Keyword und andere Metadaten verschlagwortet und dadurch sehr bewusst verbreitet wird. Sie werden feststellen, dass sogar Bundestagsabgeordnete, wie die AfD-Politikerin Corinna Miazga, mit solchen Videos Gehör finden.

136.000 mal wurde das von ihr verbreitete Video *Hetzjagd? Die Wahrheit über Chemnitz! – Merkel, Seibert und die Fakenews* bislang angesehen. Schön, die Tagesschau hat sieben, acht Millionen Zuschauer in guten Zeiten, aber Hunderttausend Views sind keine Peanuts. Denn anders als bei der *Tagesschau*, bei der man passiv mit Bier und Erdnüssen vor dem Fernseher sitzt, haben diese 136.000 Zuschauer aktiv dieses Video gesucht. Vor allem kommentieren die User hier auch. Das heißt, es entfaltet eine Wirkung, die viel bindender und aktivierender ist, als die passiv konsumierte *Tagesschau* zwischen Krimi und Quizshow. Diese inhaltliche Auseinandersetzung mit Inhalten, also das Liken, Sharen oder Kommentieren bezeichnet man im Silicon Valley als ›Engagement‹, für die YouTube-Führungsspitze mittlerweile die wichtigste Währung, noch wichtiger als die reine Anzahl an Klicks.

Wie ich Ihnen schon gesagt habe: die Aktivierung der User ist das eigentlich Faszinierende, was die Neuen von den klassischen Passiv-Medien unterscheidet, denn tatsächlich ist so ein einzelnes Video ja nur Teil einer sehr viel größeren Operation. Ein paar Hunderttausend Aufrufe sind nur der Anfang. Jetzt werden Kopien und Kopien von Kopien des immergleichen Videos gezogen und weiterverbreitet in lauter kleinen Teilöffentlichkeiten. Und auf einmal muss sich die *Tagesschau* mit ihren ›nur‹ sieben Millionen Zuschauern warm anziehen. Denn dieser virale Verbreitungseffekt kann dazu führen, dass ein solches Nischen-Video in kurzer Zeit eine größere Verbreitung findet als das Erste Deutsche Fernsehen zur Prime Time.

Jetzt sind wir an einem ganz zentralen Punkt, der mir auf meiner Odyssee im Kampf gegen die Hetzer und Hassprediger im Netz begegnet ist: Jetzt beginnt das Gift zu wirken. Es beginnt unscheinbar, es beginnt mit Begriffen, das sogenannte ›Framing‹. Auf einmal gehen bestimmte Begriffe in den Sprachgebrauch ganz unverdächtiger Leute über, von denen man sagen müsste, die sind doch eigentlich gegen so etwas gefeit, die durchschauen so etwas doch. Spätestens wenn eine gewisse Rhetorik dann sogar noch vom eigenen Geheimdienstchef übernommen wird, wissen wir, hier passiert gerade etwas.

Parallel dazu erleben wir auch eine Professionalisierung der alternativen Medien, da fließt auf einmal viel Geld rein. Es gibt diverse Magazine, die immer aufwendiger produziert werden und weite Verbreitung finden. Es gibt jede Menge Videos für Leute, die mit unserem Staat und unserer Demokratie ein Problem haben. Schauen Sie sich diese Videos an. Zum Beispiel die Beiträge meiner ehemaligen Kollegin Eva Herman, die übrigens einst die gleiche Nachtrichten-Sendung moderiert hat, die auch ich jahrelang beim BAYERISCHEN RUNDFUNK moderiert habe. Die dann bei der *Tagesschau* um 20:00 Uhr sogar Chefsprecherin war und jetzt in Kanada sitzt und von dort aus ihre alternative Tagesschau auf YouTube sendet. Erkennen Sie wie trickreich sie mit der Aufmachung ihres Blogs und ihres YouTube-Kanals spielt und auf die Verwechslung einer *Tagesschau*-Sendung mit ihrer Eigenproduktion zielt? Ich würde nicht die Hand dafür ins Feuer legen, dass meine Nachbarin, die schon weit über siebzig ist, Eva Hermans Seite von der offiziellen Tagesschauseite unterscheiden kann.

Der Zulauf zu alternativen Medien verändert den Diskurs. Damit müssen wir auch über die Rolle und Verantwortung der Massenmedien selbst sprechen. Es ist in den letzten Jahren oft der Begriff ›Lügenpresse‹ gefallen, Unwort des Jahres 2014. Der Begriff selbst ist so alt wie die Massenmedien selbst, vor allem ist er später von den Nazis gezielt eingesetzt worden. Ich möchte jetzt ein Experiment mit Ihnen machen, ich möchte versuchen, sie in das Gehirn eines Verschwörungstheoretikers zu entführen. Hier ein Ausschnitt aus einer Tagesthemensendung über den Trauermarsch von Paris nach den Anschlägen auf *Charlie Hebdo*. »Diese Bilder aus Paris sprechen für sich« sagt die Moderatorin. Staatsmänner und Frauen aus der ganzen Welt »mitten unter den Demonstranten, ein beeindruckendes Symbol«. Ich habe mir alle anderen Nachrichtensendungen des Tages in sämtlichen Mediatheken noch einmal angeschaut. Alle zeigten sie eine bildschirmfüllende Gruppe an Staatenlenkern, die, so suggerierte es das Bild, die Spitze des zuvor gezeigten Demonstrationszuges bildete. Und dann ist mir via Twitter ein anderes Bild begegnet. Die gleiche Szene, die gleichen Politiker, doch diesmal aufgenommen aus einer anderen Perspektive, und zwar von weiter weg, schräg von oben. Hier sieht man, dass die Staatsoberhäupter auf einem abgetrennten Straßenabschnitt standen. Von den anderen Demonstranten war weit und breit nichts zu sehen. Zunächst habe ich geglaubt, es handle sich um eine Photoshop-Montage. Und so habe ich mir das Rohmaterial von der EBU, der European Broadcasting Unit, angesehen und war erstaunt: Die Staatsmänner und Staatsfrauen sind tatsächlich nur für ein Foto, eine sogenannte ›Photo-Op‹, in Paris zusammengekommen, haben sich auf der Straße positioniert und eingereiht. Dann sind sie für die Fernsehsender einige Meter langsam die Straße entlang gegangen, und dann, wie auf Zeichen, ging alles wieder auseinander, ist jeder in seine Karosse gestiegen und abgefahren.

Versuchen Sie sich vorzustellen was in Ihnen vorginge, wenn Sie erst die Berichterstattung in den klassischen Nachrichten gesehen haben und Sie dann hinterher auf diese anderen Bilder im Netz stoßen. Was würden Sie denken? Was ist echt, was ist Inszenierung? Wie oft werden Sie durch Medien manipuliert? War das die Ausnahme, oder die Regel? Und vielleicht sogar: Wer gibt die Befehle?

Ich bin in den letzten Jahren oft mit Menschen konfrontiert worden, die jenseits von Gut und Böse waren, die wirklich davon überzeugt waren, dass ich hinter diversen Terrorattacken stehe und ein Drahtzieher für irgendwelche Geheimdienste bin. Man ist geneigt, so etwas abzutun, diese Leute für verrückt zu erklären und in die ›Abgehängten‹-Ecke zu stecken. Was mich überrascht hat: Das sind oft gebildete Menschen, die mitten im Leben stehen. Das sind Leute, die irgendwann mal einen Hörsaal wie diesen hier besucht haben, eine abgeschlossene Ausbildung haben. Das sind Ärzte, da sind sogar Anwälte mit dabei, die plötzlich irgendwie abgedriftet sind. Ich habe mich gefragt: ›Was ist mit denen passiert?‹

Verzeihen sie mir an dieser Stelle meine Küchenphilosophie, aber das beste Bild, das mir zu diesem Phänomen einfällt, ist ein Kupferstich von Platons Höhlengleichnis. Vielleicht erinnern Sie sich an diese Geschichte. Die Gefangenen, man sieht sie hier an eine Mauer gekettet, haben ihr ganzes Leben lang nie die wirkliche Welt gesehen, sondern nur die Schattenspiele an der Wand. Sokrates bittet, sich vorzustellen, was passiert, würden die Gefangenen befreit werden. Man sieht, wie sie hier aus der Höhle treten, in das gleißende Tageslicht blicken, und zum allerersten Mal die richtige Welt sehen und damit erkennen müssen, dass es neben der einen Wahrheit, die sie gesehen haben, noch ganz andere Wahrheiten da draußen gibt. Sie sind verwirrt, denn das grelle Licht, die Sonne, blendet, schmerzt sogar. Sie sind unfähig sich in dieser großen, chaotischen Welt zurechtzufinden, überwältigt von all den neuen Reizen und Informationen, die auf sie einströmen.

In einer solchen Situation sind wir gerade. Es gibt eben nicht mehr nur die eine Interpretation, die fünfzehn Minuten Schattenspiele in den Abendnachrichten, sondern plötzlich ganz andere Deutungen und Interpretationen, die erklären wollen, wie die Welt funktioniert. Und es gibt massenhaft Reize und Informationen, die einen regelrecht erschlagen können. In einer solchen Situation ist man verwundbar. Dann sehnt man sich nach jemandem, der einem einfache Antworten gibt. Plötzlich sind es nicht nur Amerikaner und Russen, Cowboys und Indianer, die sich gegenüberstehen. Da gibt es Terroristen, Sympathisanten und Drahtzieher im Hintergrund, die NSA und andere Organisationen, deren Namen wir noch nicht einmal kennen. Verstehen Sie, Sie sind auf einmal komplett überfordert mit der Explosion an Informationen, die im Twitter-Takt auf Ihr Smartphone und damit auf Ihr Gehirn einprasseln. Und jetzt kommt da so ein Vereinfacher und sagt: »Die Mexikaner waren es!« oder »die Flüchtlinge« oder »die Illuminaten«.

Damit sind wir beim letzten Punkt. Jetzt möchte ich Sie noch tiefer in den Kaninchenbau hinab führen. Dazu werde ich gleich einen Menschen zeigen und ich möchte sie alle bitten, dem ersten Reflex zu wiederstehen und nicht zu lachen. Der Demonstrant und ehemalige LKA-Mitarbeiter Maik G. aus Chemnitz, besser bekannt als ›Hutbürger‹. Wir alle haben dieses Video, in dem er einen ZDF-Reporter am Rande einer PEGIDA-Demonstration beschimpft, auf Twitter, Facebook, YouTube oder sonst wo gesehen. Und natürlich haben wir alles gegrinst und uns gedacht: »Was für ein Typ!«. Mir geht es nicht um diese Person, ich brauche diese Person nur, weil ich mit Ihnen ein Experiment machen möchte. Ich möchte, dass Sie versuchen, Ihre eigenen Vorurteile auszublenden und sich einen Moment mal diese Deutschland-Mütze, die dieser Mann trägt, aufzusetzen. Zu versuchen, sich in seine Weltsicht hineinzuversetzen. Versuchen Sie einmal sich vorzustellen, Sie sind ein kleiner Beamter, bei der Polizei als Buchhalter angestellt und Sie sehen, dass sich alles um Sie herum verändert, und vielleicht verstehen Sie die Zusammenhänge auch nicht mehr. Dann prasseln auf sie plötzlich solche Begriffe ein wie Aufschrei, Metoo, Blacklivesmatter, Wirsindmehr, und das auch noch in Form von Hashtags. Was zur Hölle ist ein Hashtag?

Eines darf man nicht vergessen, wir sind immer sehr darauf fixiert, was rechts von uns passiert. Beobachten argwöhnisch, was sich da am rechten Rand abspielt. Zu Recht tun wir das, ich finde wir sollten da sogar noch viel genauer hinschauen. Aber was wir oft vernachlässigen, ist, uns umgekehrt auch klar zu machen, dass sich auf der liberalen, oft auch linksliberalen Seite, in den letzten dreißig Jahren viel geändert hat. Zur Erinnerung: Sie haben noch immer diesen schwarz-rot-goldenen Anglerhut auf und Sie verfolgen in der *Bild*-Zeitung das Weltgeschehen: Plötzlich ist in den USA die erste Frau Außenministerin, Madeleine Albright. Dann haben Sie nur ein paar Jahre später den ersten schwarzen Außenminister, Colin Powell. Jetzt wird es noch härter, als nächstes haben Sie als Außenministerin eine schwarze Frau, Condoleezza Rice. Also schwarz und auch noch Frau! Jetzt wird es noch doller, jetzt haben wir nicht nur eine schwarze Außenministerin, jetzt haben wir einen schwarzen Präsidenten, Barack Obama. Das ist für viele Amerikaner wirklich schwer gewesen, vielleicht wie für viele von uns der Wahlsieg von Donald Trump. Wenn Sie als Weißer in den Südstaaten der USA aufgewachsen sind, dann ist das wirklich eine harte Nummer, die Sie da ertragen mussten. Dann schauen wir in die Judikative und da gibt es plötzlich die erste Einwanderin im Supreme Court als oberste Bundesrichterin, Sonia Sotomayor. Das alles in nicht einmal dreißig Jahren.

Jahrhundertelang gab es diesen ›Old Boys Club‹ und auf einmal dreht sich die Welt in die andere Richtung. Bei uns in Deutschland übrigens vergleichbar: die erste Frau wird Ministerpräsidentin eines Bundeslandes, Heide Simonis, wir haben die erste Generalin in der deutschen Bundeswehr, Verena von Weymarn, den ersten bekennenden Schwulen als Regierungschef, Klaus Wowereit. Angela Merkel wird Kanzlerin – und nicht zu vergessen – den Eurovision Song Contest gewinnt Conchita Wurst. Verstehen Sie, da ist eine Menge passiert in den zurückliegenden 30 Jahren.

Für die ›angry white men‹ gibt es immer weniger Biotope, in denen für sie die Welt noch in Ordnung ist. Und die gilt es zu bewahren, zu verteidigen. Notfalls mit einer Mauer. Die Haushaltsblockade, die wir aktuell in Washington erleben, der längste Shutdown in der Geschichte der USA, dreht sich um eine Mauer. Für Präsident Trump geht es um viel mehr als nur eine Mauer zu Mexiko, die Mauer ist lediglich ein Sinnbild für eine konservative Werte-Welt, die ein Gegenmodell ist zu einer Welt, die liberal-global vernetzt und damit offen ist. Die Mauer ist der sichtbar gewordene Schrei nach Zusammenhalt, nach Ordnung, nach: »Ich kann das alles nicht mehr begreifen, bitte macht was! Stoppt diese Vernetzung, die ich nicht mehr verstehe!«. Seit wann darf man Frauen nicht mehr unter den Rock greifen? Seit wann wollen Frauen jetzt auch noch Präsident werden? Wie, und Schwarze dürfen nicht mehr zusammengeschlagen werden? Verstehen Sie, da ändert sich etwas. Das ist leider kein Witz. Das ist für viele Menschen eine echte Bedrohung, für viele Männer eine Demütigung, eine Kriegserklärung. Sie begehren auf, sie suchen Zusammenhalt, sie rotten sich zusammen, sie versuchen das Unvermeidbare zu stoppen, sie versuchen in irgendeiner Art und Weise eine Identität zu bilden. Sie haben sogar eine politische Kraft, die sich da, nicht etwa unter sog. ›Bildungsfernen‹, sondern auch unter Akademikern geformt hat, die sich zum Beispiel die Identitären nennen.

Das heißt also wir haben es hier mit einer Aufschaukelung von Aggressivität zu tun, die aus Verlustängsten gespeist wird. Eine Frau, eine Staatssekretärin mit Migrationshintergrund, wird auf Twitter und Facebook verbal gesteinigt, weil sie eine Rolex trägt. Und was macht diese Politikerin? Ich kann es ihr nicht verdenken: Sie zieht sich aus den Netzen zurück. Wir hatten jüngst den Fall von Robert Habeck, dem Grünen-Vorsitzenden, der auf Twitter und auf Facebook verbal verdroschen wurde. Er hat sich unglücklich ausgedrückt und wurde vom Web-Mob entsprechend hart kritisiert. Auch er hat großspurig erklärt, dass er sich aus Twitter und Facebook abmeldet. Das hat Tradition, sogar unsere ehemalige Verbraucherschutzministerin hat sich vor fünf Jahren bei Facebook abgemeldet, angeblich aus Datenschutzgründen. Das hat sie mit großem journalistischen Medienecho getan, still und heimlich hat sie sich vor zwei Jahren wieder angemeldet, aber das ist eine andere Geschichte.

Was ich damit sagen will, ist: Wir haben es hier mit wechselseitigen Wirkungsmustern aus Aktion und Reaktion zu tun, die sich einander bedingen. Wir haben einen Wutbürger, der auf alternative Erklärungsmuster trifft. Dieser Mensch ist nicht frei von Vorurteilen, sondern er besitzt schon eine Form von innerer Wut, Angst oder Verlustangst, wie auch immer Sie es nennen wollen. Das heißt, er ist anfällig für Hassprediger. Das Netz besitzt durch seine von Facebook, Google und Twitter programmierten Algorithmen eine sich selbst verstärkende Dynamik. Das verstehen viele der Menschen nicht, dass es da eine Schreispirale gibt, die jeden Troll, jeden Hater immer mehr dazu verleitet noch einen draufzusetzen. Das wird durch die sozialen Netzwerke verstärkt und belohnt. Belohnt mit zusätzlicher Aufmerksamkeit. Egal, was mein Vorredner auf Facebook gepostet hat, man muss das toppen. So entstehen diese Prozesse der Eskalation, die dann irgendwann vollends außer Kontrolle geraten und die letzten Endes auch in reale Gewalt auf der Straße münden können. Entscheidend ist: In einem Moment, in dem die Hassprediger mehr oder weniger die Regie übernehmen, melden sich unsere Politiker aus den sozialen Netzwerken auch noch ab! Und sie sagen: »Die können mir alle gestohlen bleiben, ich will nicht mehr!«.

Mit Verlaub, wenn es jemanden in diesem Hörsaal gibt, der versteht, dass man keine Lust darauf hat, jeden Tag aufzustehen und mit Verwünschungen konfrontiert zu werden (z. B. die ganze Familie gehöre ins KZ oder in die Gaskammer), dann bin ich das. Es macht auf Dauer keinen Spaß, jeden Tag angebrüllt, beleidigt und bedroht zu werden, glauben Sie mir. Aber wenn wir uns alle ausklinken aus dieser Diskussion, aus diesen Agoren zurückziehen und diesen Marktplatz den Schreihälsen überlassen, dann bleibt am Schluss nur noch Trump.

Das will ich nicht, und deswegen mein Appell heute an Sie alle: Verabschieden Sie sich nicht. Diese Netzwerke, übrigens auch diejenigen jenseits von YouTube, die nehmen an Fahrt auf. Das heißt, aktuell sind vielleicht bei Reconquista Germanica nur sechs bis siebentausend verirrte Leute registriert. Aber es werden mehr, und das täglich. Ich beobachte seit fast drei Jahren die rechte Netz-Szene und kann Ihnen versichern: Das ist kein Spiel mehr, meine Damen und Herren. Da gibt es sogenannte ›Truth Bombs‹, das heißt, man stellt ein Hassvideo nicht nur einmal ins Netz, sondern man verabredet sich und startet gleich mit fünfzig Kopien. Selbst wenn sie es wollten oder die Polizei plötzlich bei Ihnen vor der Tür stünde: Sie könnten das Video gar nicht mehr aufhalten, denn es ist bereits eingespeist in die virale Videoschleuder von YouTube und verbreitet sich von dort aus wie ein Krebsgeschwür. Es gibt das sogenannte ›doxing‹ – man sammelt Privatinformationen über seine Opfer und wirft diese den virtuellen Wölfen im Netz zum Fraß vor. Immer beliebter ist auch das sogenannte ›swatting‹. Die Wütenden rufen dann die Polizei an und schicken einem Menschen, den sie fertig machen wollen, das Sondereinsatzkommando auf den Hals, indem sie sagen, er sei ein bewaffneter Terrorist.

Die Momente, wenn harmlose Tweets Feuer fangen und in der Folge mental instabile Menschen auf die Tagesordnung rufen, die haben wir auch letztes Jahr erlebt. Sie erinnern sich an den Mailbomber, der an die zwanzig Persönlichkeiten, ehemalige Präsidenten, Minister, aber auch Prominente, darunter Oprah Winfrey, Briefbomben geschickt hat. Was man an diesem Vorfall ganz klar erkennen kann, ist, dass dieser Mailbomber, den sie Tage später in Florida festgenommen haben, gefüttert wurde von den Tweets seines Präsidenten. Das heißt, wir erleben, wie aus Psychoterror, so wie er sich im Netz zunächst digital manifestiert, handfester Terror wird, der sich in konkrete Handlungen auf die Straße überträgt.

Und jetzt zu der der Frage aller Fragen: »Was jetzt?« Ich habe versucht mit Facebook und Google zu arbeiten, glauben Sie mir, das bringt nichts, denn die Geister, die diese Damen und Herren, überwiegend Herren, gerufen haben, die sind denen schon komplett entglitten. Facebook hat genauso wenig Ahnung wie wir, wie man diese Kräfte wieder bändigen kann. Und noch viel weniger Ahnung hat unser Staat. Wir werden mit dieser Geschwindigkeit, die das Netz vorgibt, als Staat so nicht mehr fertig.

Deshalb möchte ich Ihnen nur ein Wort heute mit auf den Weg geben, nur ein einziges Wort, das ein bisschen aus der Mode gekommen scheint. Und dieses Wort lautet: Empathie. Ich glaube, Empathie kann ein Schlüssel sein. Es ist absolut zentral, zumindest darüber nachzudenken, was man bei einer Person, die man vielleicht gar nicht kennt, die an einem Terminal oder Smartphone am anderen Ende der Welt sitzt, auslösen könnte, wenn man mal eben, aus einer emotionalen Laune heraus, in die Tasten hämmert. Es wäre natürlich naiv, zu glauben, wenn wir uns fortan in die Lage unserer Mitmenschen versetzen, dann wäre die Welt automatisch eine Blumenwiese und es würde keine Hater, keine Trolle geben, sondern nur noch Regenbogenkatzen und Einhörner. Denn mit der Empathie kommen wir nur bis zu einer gewissen Schwelle. Es wäre nicht allein damit getan, dass mich meine Angreifer als Mensch kennenlernen und auf einmal feststellen: »Moment, das ist auch nur ein Mensch. Der hat auch zwei Ohren und ist ansonsten eigentlich ein ganz okayer Typ«. Ich glaube, das reicht nicht. Ich glaube im Netz geschieht etwas mit uns allen, was uns allen aber so noch gar nicht bewusst ist. Deswegen dürfen wir bei Empathie nicht stehen bleiben, sondern wir müssen auch eine Empathie für Maschinen und Netzwerke erlernen. Denn Fakt ist: Wir haben es mit einem dezentralen Kommunikations-Konstrukt und nicht mehr mit einer One-to-One oder One-to-Many-Kommunikation zu tun. Es ist eine 360-Grad-Echtzeit-Kommunikation, beeinflusst und geprägt von Algorithmen, die Inhalte verstärken oder verstecken können. Das heißt, selbst wenn sich zwei Individuen verständigen und verstehen würden, müssten wir uns das Netz und die Effekte mit dazu denken. Auf einmal geschieht mit Ihnen und mit mir etwas, was wir beide ursprünglich gar nicht wollten, nämlich ein Verstärkungskreislauf, der irgendwann einmal komplett außer Kontrolle geraten kann und bei dem keiner mehr weiß, wer eigentlich den Anfang gemacht hat und warum aus mir plötzlich so ein Monster geworden ist. Dann entdecken Sie es an sich selbst, wenn Sie sich gerade über die Deutsche Bahn ärgern oder über das Essen oder sonst was. Entdecken Sie den Troll, den Hater und den Hassprediger in sich. Jeder von uns hat ihn, manche mehr, manche weniger, manche haben einen Grund, manche haben keinen, aber die Hater, die Trolle, das sind alle wir, ich, jeder von Ihnen.

Deswegen möchte, dass wir nicht warten, auf Behörden, auf Kirchen, auf Politiker, auf irgendwelche Netzexperten oder irgendwelche schlauen Professoren, sondern nehmen Sie das Zepter, sprich, Ihr iPhone, selbst in die Hand. Schauen Sie, dass Sie bei sich anfangen. Denn wenn mehr Menschen bei sich anfangen, wenn sie mehr auf ihre Sprache achten, wenn sie einen Kommentar, kurz bevor sie ihn abschicken, noch einmal durchlesen und sich fragen: »Könnte ich damit vielleicht jemandem Unrecht tun?« – ich glaube, dann haben wir eine bessere Welt.

Damit bin ich nun wirklich am Ende. Ich hatte gestern eine Unterhaltung im Netz mit einem sehr klugen Menschen, der gepostet hat, dass er versucht, künftig den Trollen und den Hatern keine Macht mehr zu geben, indem er ihnen einfach die Aufmerksamkeit entzieht. Das ist ein guter Schritt, wie ich finde, aber das kann und darf nicht das Ende sein. Ich habe mit ihm spät in der Nacht noch diskutiert, und damit möchte ich enden. Mein Kommentar, der da lautet: »Auch ich dachte einmal, dass man diesen Spinnern am besten damit begegnet, indem man ihnen keine Aufmerksamkeit schenkt. Leider hat sich diese Idee in der Praxis nicht bewährt, denn selbst wenn sich alle vernunftbegabten Menschen passiv verhalten und versuchen, Haspredigern keine Aufmerksamkeit mehr zu schenken, werden diese durch die Übermacht der Provokation immer mehr Zulauf finden, als die Differenzierten mit ihrem stillen Widerstand. Langfristig gewinnen damit also immer die Demagogen und Spalter, die niemanden mit Fakten oder Argumenten überzeugen müssen. Sie erreichen ihre Ziele auch dann, wenn es ihnen gelingt Zweifel zu sähen und Unruhe zu stiften«.

Die letzten beiden Jahre haben mich gelehrt, dass man diesen Leuten aktiv und nicht reaktiv entgegentreten muss. Und das möglichst frühzeitig. Konkret: mehr sein, lauter sein, ihrem hassverseuchten Narrativ eine positive Vision und einen konstruktiven Gegenentwurf einer Gesellschaft entgegenzuhalten. Das ist leider anstrengender, komplexer und auch kräftezehrender, als rein passiver Aufmerksamkeitsentzug. Ich sehe aber keine andere Lösung. Martin Luther King hat einmal gesagt: »Am Ende werden wir uns nicht an die Worte unserer Feinde erinnern, sondern an das Schweigen unserer Freunde«. Mein Appell an Sie heute alle hier in diesem Hörsaal: Schweigen Sie lauter! Vielen Dank.

Sascha Lobo

Digital-Humanismus.
Eine biografische Skizze zu Sascha Lobo —
Vorbemerkung der Herausgeber

Vor mehr als 30 Jahren wurde unter der hellen Sonne Kaliforniens in Sausalito, irgendwo am Hafen, die erste Online-Gemeinschaft der Welt gegründet. Es waren Hippies, die vorher in Landkommunen gelebt hatten oder aus Indien von ihren Pilgerreisen zurückkamen und die ihre Ideale von Freundschaft, Verbundenheit und Liebe in die neue, die digitale Zeit tragen wollten. Da wir einander nicht sehen können, da wir mit unserem Körper und unserer Hautfarbe füreinander unsichtbar sind, – so schrieb sinngemäß der Computer-Hippie Howard Rheingold, Erfinder des Begriffs der virtuellen Gemeinschaft, Mitglied eben dieser Gemeinschaft – können wir auch keine Vorurteile ausbilden. Herkunft und Hautfarbe, Status und Geschlecht – all das werde weniger wichtig, zugunsten des freien Austausches, zugunsten der echten, wahren Begegnung.

Es ist nicht ganz so gekommen. Es ist, um genau zu sein, ganz anders gekommen. Inzwischen ist ein Twitter-Rambo Präsident der Vereinigten Staaten, ein Mann, der Behinderte verspottet, Flüchtlinge attackiert und seine Frauenverachtung öffentlich auslebt. Gerüchte, Verschwörungstheorien und Hass diffundieren durch die digitale Welt. Social Bots simulieren Meinungsströme. Troll-Armeen sind in sozialen Netzwerken unterwegs. Profi-Fälscher erstellen mit Hilfe von KI-Programmen ultrarealistisch erscheinende Videos, sogenannte ›deep fakes‹. Polit-Propagandisten nutzen Datenanalysen, um sehr spezielle Zielgruppen zu definieren und diese dann mit speziellen Propaganda-Postings zu bombardieren. Und spätestens seit den Enthüllungen von Edward Snowden regiert die Überwachung und der Verdacht einer verdeckten Kontrolle unser Nachdenken über das Netz, nicht das Ideal von Verbundenheit und Liebe. Aber was ist bei diesem Austausch der Zeichen eigentlich passiert? Und warum ist das passiert, was passiert ist? Wer vermag den Wechsel von der Euphorie zur Ernüchterung, von der Utopie zur Dystopie zu erklären?

Es ist, wenn man so fragt, nicht überraschend, dass sofort der Name von Sascha Lobo fällt, Netzphilosoph der ersten Stunde, Dolmetscher des Digitalen, Blogger und Schriftsteller, Strategieberater und Vortragsreisender. Er hat Wirtschafts- und Gesellschaftskommunikation an der Universität der Künste in Berlin studiert, war Kreativ-Direktor einer Werbeagentur, wurde in der Phase der New Economy zum Unternehmensgründer. Nach dem Platzen der Dotcom-Blase schrieb er einen Roman mit dem Titel *Strohfeuer* über diese Zeit. Es handelt sich um ein Szenen- und Sittenbild, das von der Euphorie und dem Größenwahn jener Jahre erzählt, der Gier und dem Bluff. Sascha Lobo schreibt jede Woche eine viel beachtete Kolumne für *Spiegel online*. Und er veröffentlicht eigene Ideen- und Sachbücher, die von der Zukunft der Arbeit (*Wir nennen es Arbeit*, gemeinsam mit Holm Friebe, 2006), der Debatte um das Netz (*Internet – Segen oder Fluch*, gemeinsam mit

Kathrin Passig, 2012) und den gesellschaftsverändernden Effekten der Globalisierung und Digitalisierung handeln. *Realitätsschock* heißt sein aktueller Band, der im Jahre 2019 erschienen ist.

Vor allem aber betreibt er mit seinen Essays, Interviews und Interventionen schnelle Soziologie, rasche, streitbare Zeitdiagnostik, die den Prozess der digitalen Transformation im Moment des Geschehens ordnet und in seinen gesellschaftlichen Konsequenzen zu Ende denkt. Erinnert sei an ein paar Themen, die er in den letzten Jahren behandelt hat: die Überwachung durch den amerikanischen oder britischen Geheimdienst, die gerade noch als eine paranoide Phantasie einiger Nerds erschien; der rasante Aufstieg und das baldige Verglühen der Piratenpartei in einer Welt totaler Transparenz; die mediale Inszenierung des Terrors in den Zeiten des Web 2.0; die Gesetze der Monopolbildung in der Arbeitswelt, die er Plattform-Kapitalismus nennt; den Siegeszug des Rechtspopulismus, vorbereitet in den Echokammern der sozialen Netzwerke; die Neigung zur Zuspitzung und zur aggressiven Sofort-Kommentierung in den redaktionellen und digitalen Wirkungsnetzen der Gegenwart – all das sind Themen, die nach Interpretation verlangen; all das sind Themen, die die schnelle Soziologie brauchen.

Denn Warten hieße für diese Gesellschaft: überwältigt werden. Warten hieße: Autonomie verlieren, Souveränität, Gestaltungsmacht. Publizistisch intervenieren heißt demgegenüber im Sinne von Sascha Lobo: das große Gespräch initiieren, nicht um Recht zu behalten, sondern um weiter zu kommen und um Alternativen des Denkens und Handelns überhaupt erst sichtbar zu machen. Dieses Interesse am Diskurs, dieser Versuch, die Produktivkräfte der Debatte und des Streits für die Sichtbarmachung von Möglichkeiten zu nutzen, überhaupt sprachfähig zu werden für die Möglichkeit des Andersseins, für die Dynamisierung der Verhältnisse – das erscheint als der normative Kern des Digital-Humanismus von Sascha Lobo. Er hat verstanden, wie in Demokratien – der politischen »Lebensform der Alternative« (Adolf Arndt) – Gesellschaftsanalyse und Gesellschaftsbeeinflussung außerhalb des politischen Systems und des wissenschaftlichen Apparats funktionieren. Das zentrale Instrument ist hier die Debatte. Sie lebt von dem Mut, dem Engagement und der begrifflichen Innovationsfreude desjenigen, der sie anstößt, begleitet und immer wieder aufs Neue voran treibt.

Der Titel von Sascha Lobos Rede lautet: *Das Ende der Gesellschaft*. Das ist eine Formulierung ganz ohne kalifornische Sonne, ohne utopischen Sound. Die Computer-Hippies aus Sausalito scheinen ziemlich weit weg. Aber vielleicht braucht es nach dem Netzoptimismus nun den klugen Netzrealismus eines derart genauen Beobachters der digitalen Welt, um andere Möglichkeiten gesellschaftlicher Existenz überhaupt erst wieder zu entdecken.

Sascha Lobo

Das Ende der Gesellschaft.
Von den Folgen der Vernetzung

Das erste, was nach einem Titel wie diesem natürlich getan werden muss, ist ihn zu dekonstruieren. Die Gesellschaft ist nämlich gar nicht zu Ende. Gewählt habe ich den Titel trotzdem, den
Grund dafür möchte ich gern langatmig erklären.

Das Verständnis, das wir von ›Gesellschaft‹ haben, ist ein sehr
diffuses. Ich weiß das schon deshalb, weil ich 2013 nach nur 38
Hochschulsemestern mein Studium an der Universität der Künste in Berlin mit einem Diplom abgeschlossen habe. Der Name des
Studiums ist ›Gesellschafts- und Wirtschaftskommunikation‹.
Die bestehenden Berufsbezeichnungsregeln, festgelegt im Hochschulrahmengesetz, machen aus jemandem, der ›Verwaltungswissenschaften‹ studiert hat, einen ›Verwaltungswirt‹. Jemand
mit einem Abschluss in ›Betriebswirtschaft‹ ist ›Betriebswirt‹.
Da wäre es nur folgerichtig, wenn ich mich mit meinem Diplom
in Gesellschafts- und Wirtschaftskommunikation ›Gesellschaftswirt‹ nennen dürfte.

Gesellschaftswirt! Was für eine Traumberufsbezeichnung, das ist schon einigermaßen nah an ›Experte für alles‹. Leider gehört zu den großen Inkonsistenzen und Ungerechtigkeiten der Berufsbenennungswelt, dass ich mich nicht ›Gesellschaftswirt‹ nennen darf, sondern nur ›Kommunikationswirt‹. Trotzdem möchte ich in unser Verständnis des Begriffs ›Gesellschaft‹ so tief eintauchen als sei ich Gesellschaftswirt, und für diesen Zweck gehe ich in die Vergangenheit. Die erwähnte, sowohl konzeptionelle wie auch definitorische Diffusität ist nämlich nicht nur hier, sondern fast überall ein Problem, wenn man über die digitale Sphäre spricht. Es fehlt zu oft eine gemeinsame Sprache. In diesen Fällen habe ich okaye bis gute Erfahrungen damit gemacht, den Ursprung der Begriffe zu betrachten. Nicht deckungsgleich zu übernehmen, aber doch als Keimzelle anzuerkennen. Damit lande ich im deutschsprachigen Raum bei Ferdinand Tönnies, einem der Urväter der Soziologie, und bei seinem Werk *Gemeinschaft und Gesellschaft* von 1887. Dort heißt es in Paragraph 25:

> »Gesellschaft also, durch Convention und Naturrecht einiges Aggregat, wird begriffen als eine Menge von natürlichen und künstlichen Individuen, deren Willen und Gebiete in zahlreichen Beziehungen zu einander und in zahlreichen Verbindungen mit einander stehen, und doch voneinander unabhängig und ohne gegenseitige innere Einwirkungen bleiben.«

Bezogen auf eine digitale Gesellschaft mutet diese 129 Jahre alte Definition überraschend aktuell an. Man sieht förmlich zwischen den Zeilen – »zahlreiche Beziehungen«, »zahlreiche Verbindungen«, »und doch voneinander unabhängig« – das Wort ›Netzwerk‹ herausquellen. Soziales Netzwerk. Auch die anders gemeinte, aber doch treffende Bezeichnung von »künstlichen Individuen« bekommt heute einen beinahe algorithmischen Glanz. Trotzdem stellt uns diese Urdefinition vor drei Probleme. Zum Ersten ist in der digitalen Sphäre unklar, was genau »natürliche Individuen« sind. Kann es in einer nicht greifbaren

Welt, die zutiefst arbiträr, also nach weitgehend willkürlichen Verfahren aus Nullen und Einsen zusammenprotokolliert wurde, überhaupt Natürlichkeit geben? Zum Zweiten, etwas unangenehmer noch, hat die Tönnies-Formulierung »Willen und Gebiete« zwar den Klang des Titels eines Houellebecq-Romans. Aber die Virtualität der digitalen Sphäre, die fehlende Dinglichkeit und meist ebenso fehlende Örtlichkeit lässt »Gebiete« für eine Definition dysfunktional erscheinen. Zur Verdeutlichung der konkreten Folgen frage ich platonisch: Gehört ein deutscher Blogger in Indonesien zur deutschen ›Gesellschaft‹? Und ein deutschsprachiger? Und ein englischsprachiger, der über Deutschland bloggt? Oder der hauptsächlich von Deutschen gelesen wird?

Das dritte Problem mit Ferdinand Tönnies Definition liegt im Begriff »Willen«, denn der ist ohne weitere, wesentlich tiefere Erklärung kaum zu greifen. Aber trotzdem bringt der »Willen« uns auf eine vielversprechende Spur, nämlich durch die Verbindung mit dem Begriff »Convention«, dessen verpflichtende Mit-C-Schreibung ich übrigens zeitnah bei der Duden-Redaktion beantragen werde. Aus diesen beiden hochabstrakten Begriffswelten – Willen und Convention – lassen sich von Max Weber über Niklas Luhmann bis Pierre Bourdieu die meisten gängigen Gesellschaftstheorien irgendwie zusammenhäkeln.

Deren Gesellschaftsdefinitionen aber auch nur grob zu skizzieren, würde – vollkommen zu Recht – ungefähr neun Stunden dauern. Daher möchte ich mich begnügen mit einer Feststellung von Pierre Bourdieu, der sagte: »Gesellschaft? Es ist kompliziert«. So richtig wörtlich hat er es nicht gesagt, aber gemeint hat er es ganz sicher. Abgesehen davon möchte ich auch deshalb bei Bourdieu wildern, weil der Fokus seines Schaffens gerichtet war auf die Machtstrukturen, die die Gesellschaft ausmachen. Und die durch Kommunikation tradiert, transportiert und trainiert werden.

Warum aber jetzt der Titel *Das Ende der Gesellschaft*? Weil ich glaube, dass in diesen Tagen eine neue Phase beginnt, und damit zwangsläufig auch etwas zu Ende geht. Allerdings nicht die Gesellschaft, wie ich im Titel etwas clickbaiterisch behauptet habe. Wenn ich es selbst so genau nähme, wie ich es von anderen oft mit Nachdruck verlange, müsste der Titel dieses Vortrags lauten: »*Das Ende der Illusion, die wir Gesellschaft nannten*«. Ich möchte damit, schon um mich von der schlimmen und grauenhaften Margaret Thatcher abzuheben, nicht sagen, dass es keine Gesellschaft gibt. Ich möchte damit nur sagen, dass das Gesellschaftsverständnis, das die meisten von uns – zunächst abseits philosophischer Theorien – persönlich mit sich herumtragen, eine Illusion war. Glaube ich. Genährt wurde diese Illusion durch das eigene soziale Umfeld und durch die Massenmedien des 20. Jahrhunderts, die uns ein Spektrum von Normalität und Gesellschaft vermittelt haben, das doppelt irreführend wirkte. Wir dachten, dass wir doch ungefähr wissen oder erahnen, was dort draußen geschieht. Wir gingen, ob bewusst oder nicht, von der Existenz einer Art Durchschnittsbürger als Referenzperson aus. Und wir nahmen deshalb auch an, dass trotz aller Schwierigkeiten gewisse Grundregeln und Grundwerte irgendwie vorhanden seien. Willen und Convention, eben. Beides scheint mir nicht oder nicht im erhofften Ausmaß der Fall zu sein. Das Ende dieser Illusion geschieht, je nach Perspektive leider oder zum Glück, nicht mit einer lauten Detonation. Die Explosion ist dabei schon als Metaphorik nicht nur falsch, sondern auch gefährlich, weil ein antidemokratischer Teil der Gesellschaft, der in den sozialen Medien außerordentlich lautstark agiert, solche Explosionen geradezu herbeisehnt. Aber es explodiert nichts. Es blättert ab. Und da ich mich ohnehin bereits tief im Metaphernsalat der Gesellschaftsbetrachtung befinde, gehe ich diesen Weg, Flucht nach vorn, tolldreist weiter: Die angedeuteten Conventionen der Gesellschaft – ich möchte sie hier in Anklang an Norbert Elias ›Zivilisiertheit‹ nennen – dieses Relevant Set an Conventionen hat sich nicht als schützende, stabile, wirksame Hülle erwiesen. Sondern als dünner Firnis. Von unserem illusorischen Gesellschaftsbild blättert der jahrzehntelang draufgehoffte Firnis der Zivilisiertheit ab. Darunter kommt etwas zum Vorschein, das zugleich Horror ist und wunderbar. Derzeit stört mich das Mischungsverhältnis allerdings etwas, um das gleich vorwegzunehmen. Dieser Prozess des Abblätterns lässt sich beobachten und wird offenbar zugleich begünstigt durch soziale Medien.

Ich möchte zurücktreten, fünf Schritte. Wenn man intensiver nachforscht, ist es gar nicht so einfach herauszufinden, was genau die digitale Vernetzung, das Internet an strukturell wirklich Neuem hervorgebracht hat. Die Schweizer Viamala zum Beispiel war mit dem Viamala-Brief von 1473 vermutlich eines der ersten Crowdfunding-Projekte überhaupt, finanziert von ein paar Dorfgemeinschaften, Kaufleuten und bäuerlichen Genossenschaften, die sich den unverschämten Vorstellungen des Bischofs von Chur über die Reisebedingungen auf der von ihm kontrollierten Alternativroute über den Septimer-Pass nicht mehr beugen wollten. Crowdfunding ist eine große, wunderbare Sache, aber uralt. Und soziale Netzwerke folgen in ihren Grundzügen einer Theorie, die Mark Granovetter im Mai 1973 aufstellte, in seinem so oft zitierten wie selten gelesenen Papier *The Strength of Weak Ties*. Die Kraft schwacher Verbindungen, die sozialwissenschaftliche Theorie dazu, weshalb zum Beispiel bei der Job- oder Partnersuche die fünf guten Freunde eher egal sind. Aber die 765 Friends absolut entscheidend. Die Wirkmacht von Netzwerken – auch nicht neu.

Tatsächlich neu ist dagegen die Kombination aus Niedrigschwelligkeit und Dokumentierbarkeit, die Kommunikation im Großraum ›Social Media‹ mit sich bringt. Die sozialen Medien haben Alltagskommunikation in die digitale Sphäre verschoben und so gespeichert. Und weil sie zugleich die Schwelle der

Publikationsrelevanz gesenkt haben – wird alles veröffentlicht. Milliarden Mittagessenfotos sind jetzt Teil einer Öffentlichkeit, Milliarden Likes für falsch übersetzte Benjamin-Franklin-Zitate und Billionen zwar schriftliche, aber trotzdem spontan herausgesprudelte Kommentare. Die veröffentlichte Niederschrift selbst ist kein Kriterium der Durchdachtheit mehr.

Ich finde das supergroßartig, was für ein Schatz, was für ein Riesensteinbruch, was für ein brandneues Universum! Soziale Medien versetzen uns durch ihre Mischung aus Spontaneität und Dokumentation in die Lage, den Menschen in die Köpfe zu schauen. Heinrich von Kleist schrieb 1805 seinen Aufsatz *Über die allmähliche Verfertigung der Gedanken beim Reden*. Und jetzt können wir den Menschen bei der allmählichen Verfertigung ihrer Gedanken und Gefühle beim Kommentieren des Weltgeschehens zuschauen. Genau denjenigen können wir damit zuschauen, von denen wir dachten und hofften, sie seien mit uns ›die Gesellschaft‹. Es ist grandios, es ist grässlich, es ist grauenhaft, es ist großartig. Was wir dort beobachten können: wie sich live unsere Illusion von Gesellschaft auflöst. Da schreibt ein Mann aus Österreich anlässlich des Lieferwagens, in dem 71 Flüchtlinge erstickt sind: »*Schade, dass es nur 71 waren!*« Da schreibt jemand aus Deutschland, er plädiere dafür, die Flüchtlingskrise zu lösen, indem man die Bundeswehr Flüchtlingsboote versenken lässt. Diejenigen, die schon hier sind, solle man in die Moscheen treiben und diese dann anzünden. Mit diesem Ansatz habe man doch schon einmal Erfolg gehabt. Kürzlich fiel in einem Zoo in Cincinnati in den Vereinigten Staaten ein vierjähriger, schwarzer Junge in das Gorillagehege. Ein fast zweihundert Kilo schwerer Gorilla schnappte sich das Kind und wurde deshalb von Sicherheitskräften erschossen. In den sozialen Medien tobte ein Empörungssturm von Hunderttausenden, und eine katastrophal häufige Wortmeldung lautete: »Warum musste man den armen Gorilla erschießen für dieses dumme Kind?«

Natürlich in allen rassistischen, menschenverachtenden Färbungen, in sozialen Medien herausgeschrien von Leuten, die sich als Tierschützer betrachten. Eine neue Qualität schält sich mit den sozialen Medien heraus, es gab sie natürlich schon zuvor, aber nun quillt sie jeden Tag ans Licht. Frank Schirrmacher hat das im Frühling 2012 in einem Tweet zusammengefasst: »Nicht die Anonymität, sondern der ansteigende Grad der *nicht*-anonymen Hass-Kommentare und -Mails, von Sarrazin bis Grass, ist beunruhigend«.

Schirrmacher bezieht sich dabei auf eine so lang wie fruchtlos geführte Diskussion über die digitale Sphäre. Diese handelte davon, ob Anonymität der Schlüssel sei zu dem schon seit über 20 Jahren beklagten »rauen Umgangston im Netz«. Dabei sind vermeintlich erklärende Halbsätze wie »im Schutze der Anonymität« wieder und wieder gefallen. Sie scheinen tendenziell falsch. Die messbare Realität widerlegt sie inzwischen mindestens teilweise, denn die oben zitierten Kommentare werden wie Millionen anderer Unfassbarkeiten verstörend oft unter Klarnamen verbreitet. Um das zu erkennen, musste man nicht erst PEGIDA und AfD abwarten. Ein Screenshot, den ich 2011 angefertigt habe, zeigt eine über 10.000 Mitglieder starke Facebook-Gruppe, die meisten mit Klarnamen, die die Wiedereröffnung eines KZ fordert.

Wir müssen erkennen, dass die bürgerliche Öffentlichkeit, die wir im ausgehenden 20. Jahrhundert als Spiegel oder gar als Kristallisationspunkt der Gesellschaft betrachten wollten, ein temporärer, allzu kleiner Ausschnitt aus der Wirklichkeit war. Diese bürgerliche Öffentlichkeit des 20. Jahrhunderts hat uns zu der rückwirkend betrachtet lieblichen Illusion von Gesellschaft verführt, die soeben schwindet. Sie war, das muss man in Retrospektion anerkennen, geprägt von einem der wichtigsten, wenn nicht dem wichtigsten bürgerlichen Wert: Mäßigung.

Die massenmediale, gemäßigte Öffentlichkeit – wer hätte eine solche Formulierung zu Zeiten des Skandals um eine Sendung wie *Big Brother* benutzen mögen? Aber Mäßigung erkennt man vor allem daran, was als extrem gilt. Wir müssen erkennen, dass das von Extremisten verwendete Schlagwort ›Lügenpresse‹ in erster Linie auf genau diesen Kern bürgerlicher Öffentlichkeit zielt: Mäßigung. Wer ›Lügenpresse‹ sagt, meint eigentlich: »Die Medien sind nicht bereit, meine extremistische, kompromisslose, ungemäßigte Welthaltung abzubilden«. Weil Extremismus und der autoritäre Ausschluss des Anderen Hand in Hand gehen, zielt der Begriff ›Lügenpresse‹ auch auf den Pluralismus. Wer ›Lügenpresse‹ schreit, möchte nicht nur seine Interpretation der Realität *auch* abgebildet sehen – sondern *ausschließlich* seine. Dabei hilft die Unterteilung der gesamten Welt in richtig (wir) und falsch (alle anderen), weil man dann von ›richtig‹ sprechen kann, wenn man eigentlich nur sich selbst meint. Das wiederum passt zu einem häufig besprochenen Phänomen der digitalen, sozialmedialen Welt: der *Filter Bubble*. Der Name stammt von Eli Pariser, er hat ihn mit seinem Buch von 2011 geprägt. Das zugrundeliegende, digitale Konzept ist älter. Die sogenannten ›echo chambers‹, Echokammern des Internets, wurden seit den späten 1990er-Jahren besprochen. Metaphern sind in vielen Fällen so dysfunktional wie ein Auto aus Hartkäse, aber in der direkten Konkurrenz halte ich ›Echokammern‹ für die bessere Metapher. Denn ›Filter Bubble‹ hat durch das Filtern selbst auch einen positiven Klang. Filtern ist in der digitalen Welt etwas Notwendiges, oft aktiv Ausgeübtes. Echos erscheinen passiver, sie geschehen durch die äußeren Umstände.

Nun existiert eine neue, digital, sozial vernetzte Öffentlichkeit, die anders funktioniert als die massenmedial geprägte Öffentlichkeit des 20. Jahrhunderts. Um den Zusammenhang zwischen massenmedialer Öffentlichkeit und Gesellschaft erahnen zu können, reicht es, das ausgelutschteste Luhmann-Zitat zum Thema zu verstehen: »Was wir über unsere Gesellschaft, ja über die Welt, in der wir leben, wissen, wissen wir durch die Massenmedien«.

Da tropft das massenmedial vermittelte Bild der Welt und der Gesellschaft aus diesem Satz, ein Bild der Mäßigung. Wenn man dem bürgerlichen Wert Mäßigung in der Medienwelt des 20. Jahrhunderts nachspürt, fällt er einem überall auf. Es beginnt mit der formalisierten Sprache der Nachrichten, die in ihrer so leicht karikierbaren Starre und ihrer funktionalen Euphemisierung den Inbegriff der Mäßigung darstellt. Es ist kein Zufall, dass eines der wichtigsten und meistverbreiteten medialen Genres des 21. Jahrhunderts die sogenannten ›Fake News‹ sind, wie sie etwa Jon Stewart oder John Oliver perfektioniert haben. Eine Umfrage von 2014 deutet darauf hin, dass junge Amerikaner ihre Informationen eher aus Nachrichtensatiren beziehen als aus klassischen Nachrichtenangeboten. Das hängt nicht nur mit der Qualität und dem schwindenden Ethos der Nachrichtenmedien zusammen, sondern auch mit dem Abschied von der medialen Mäßigung, der mit dem Erfolg der sozialen Medien einhergeht. »Was wir über die Welt wissen, wissen wir aus einem kleinen Bildschirm, der uns sozial, redaktionell und algorithmisch aufbereitete Informationen präsentiert, dabei Sensationalisiertes, Zugespitztes, Radikales tendenziell bevorzugt, was durch die Echokammern der Netzöffentlichkeit selbstverstärkend wirkt«. So müsste es wohl heute heißen.

Zurück zur Gesellschaft, oder vielmehr zurück zu derjenigen Öffentlichkeit, die uns das neue, ent-illusionierte und desillusionierende Bild der Gesellschaft vermitteln kann. Diese sozialmediale Öffentlichkeit steht nicht allein, sie ist beinahe unauflöslich verschmolzen mit der redaktionellen, digitalen Öffentlichkeit. Je nach Betrachtungsweise führen mehr als die Hälfte der Links, die auf sozialen Medien verbreitet werden, auf redaktionelle Angebote. Redaktionen wiederum arbeiten intensiv mit sozialen Medien und richten sich immer unerbittlicher nach den Maßstäben sozialer Medien, vor allem nach denen von Facebook. Das ist an sich nicht unbedingt ein Problem, im Gegenteil. Wir müssen froh sein, dass eine aktive, auf den ersten Blick vielgestaltig plurale, intensiv diskutierende Öffentlichkeit überhaupt vorhanden ist. Jeden Tag kann und sollte man dafür dankbar sein.

Aber die sozialmediale Öffentlichkeit, die uns ein neues Bild der Gesellschaft zeigt, ist noch ziemlich neu. Facebook hat sich in Deutschland erst 2010 und 2011 flächendeckend durchgesetzt. Wir müssen erkennen, dass diesen sozialmedialen Teil der Öffentlichkeit etwas Anderes antreibt als die massenmediale Öffentlichkeit des 20. Jahrhunderts. Nämlich Emotionen. Facebook ist gefühlsgetrieben. Alles voller Gefühle. Beim direkten Vergleich zwischen einer gedruckten Zeitung und dem, was auf Facebook und anderen sozialen Netzwerken stattfindet, wirkt die Medienlandschaft des 20. Jahrhunderts als gefühlsblinder, kalter, durchregulierter Monolith. Mit präzise eingehegten Bereichen wie ›Glosse‹ oder ›Kolumne‹, wo Einzelpersonen ausnahmsweise die Andeutung eines Gefühls in ihre Beschreibung der Welt hineinmischen durften. Gefühle fanden in den Massenmedien – mit wenigen Ausnahmen – in ausgedachten Geschichten statt, in Filmen, Romanen, Liedern. Die verschiedenen Ausbrüche von Klaus Kinski, auf YouTube nachzusehen, haben vor allem deshalb Eingang in die Geschichte der Massenmedien gefunden, weil diese hochproblematische Figur sich nicht an die mediale Konvention der Gefühlsreduktion, der Mäßigung hielt.

Und jetzt wird diese künstliche Medienwelt umarmt und zugleich sanft gewürgt von einem sozialmedialen Moloch, dessen Normalzustand Erregung ist. Positiv wie negativ, Begeisterung wie Empörung, Mitleid wie Abscheu, Trauer wie Wut, Liebe wie Hass. Soziale Medien sind riesige, enorm wirksame Gefühlsschleuderwerke. Auch ihr Hauptzweck ist Emotion, Information kommt erst lange danach, es heißt ›Like‹, nicht ›Know‹. Meiner Meinung nach ist einer der Hauptgründe dafür, dass diese Offensichtlichkeit sich in aller Offenheit verborgen hat – die im Namen der Mäßigung absichtlich herbeigeführte, strukturelle

Gefühlsblindheit derjenigen Medien, die in den letzten Jahren noch das Bild der sozialen Medien geprägt haben. Es mag auch die Hoffnung der professionellen Medienlandschaft hineinspielen, dass die sozialen Medien eine Art Turbo oder gar Retter der redaktionellen Medien seien.

Das sind sie nicht, denn Information ist nur ein Beiprodukt sozialer Gefühlsmedien, bei denen nicht zentral ist, ob sie journalistischen Kriterien folgen oder nicht oder nur so halb oder nur so tun als ob. Die öffentliche Sphäre des Gefühls, die die sozialen Medien abbilden, funktioniert damit fundamental anders als die massenmediale Sphäre. Die sozialen Medien erlauben uns auf diese Weise, ein Bild der Gesellschaft zu erkennen, das zwar auch noch konstruiert ist – aber näher an der Wirklichkeit zu sein scheint als das massenmedial vermittelte.

Der eingangs erwähnte Ferdinand Tönnies hat das konstituierende und enge Beziehungsgeflecht zwischen Gemeinschaften und Gesellschaft beschrieben. Die Max-Webersche Definition der »Vergesellschaftung« weist auf den hohen Anteil an Rationalität in der Betrachtung des Begriffs ›Gesellschaft‹ hin:

> »›Vergesellschaftung‹ soll eine soziale Beziehung heißen, wenn und soweit die Einstellung des sozialen Handelns auf rational (wert- oder zweckrational) motiviertem Interessenausgleich oder auf ebenso motivierter Interessenverbindung beruht. Vergesellschaftung kann typisch insbesondere (aber nicht: nur) auf rationaler Vereinbarung durch gegenseitige Zusage beruhen«.

So zu finden in *Wirtschaft und Gesellschaft* von 1922, wo die ökonomische Färbung des Begriffs ›Gesellschaft‹ hervorgehoben wird, die sozialen Medien, fast sämtlich Unternehmen, auch zu eigen ist. Die entscheidende Passage: »…kann typisch insbesondere (aber nicht: nur) auf rationaler Vereinbarung…beruhen«. Wir befinden uns in einem Zeitalter des Max-Weber'schen »Aber nicht: nur«.

Das Zeitalter der digital vermittelten, gefühlten Wirklichkeit also, die ›rationale Vereinbarung‹ weicht zurück. Das neu entstehende Bild zeichnet die Gesellschaft emotionaler, instinktiver, getriebener als wir bisher wahrhaben wollten. Das ist das Wesen dieser Erschütterung, die wir verspüren, wenn jemand auf Facebook ankündigt, syrische Babys anzünden zu wollen und dafür 1.000 Likes bekommt. Eben nicht, dass es solche Menschen gibt, die so etwas tun. Das war immer klar und in Deutschland ist es dreifach klar.

Das Wesen unserer Erschütterung ist, dass jemand bereit ist, Gemeinschafts- und Gesellschaftsstiftung zu betreiben durch den Ausruf von Monstrositäten. Das ist die Entwicklung, die uns Tränen der Verzweiflung und auch der Verbitterung in die Augen treibt. Dass gesellschaftlicher Fortschritt und Zivilisiertheit so sehr auseinanderdriften können, dass es so bitterviele Menschen dort draußen gibt, die für einen emotionalen Moment der gemeinschaftlichen Empörung alle Werte der Zivilisation über den Haufen werfen. Und dass es immer noch verstörend viele gibt, die daraus Handlungen ableiten, losgehen und ernsthaft versuchen, syrische und schwarze und jüdische Babys anzuzünden.

Das Prinzip Demokratie ist implizit aufgebaut auf der Annahme, dass – mit Max Weber gesprochen – sich die meisten Leute einigermaßen rational verhalten. Dass sie bei der politischen Willensbildung abwägen, überlegen, nachdenken, zu Schlüssen kommen aufgrund der Faktenlage und ihrer Interpretation. Und dann kommt ein soziales Medium, mit dem man in die Köpfe schauen kann, und lässt einen daran zweifeln und verzweifeln.

Wir betreten jetzt den glitschigen, schwingenden Boden der soziologischen Vermutung. Bis hierhin konnte man mir mutige bis tolldreiste Interpretation bestehender Ideen und Vereinfachung der messbaren Realität zu Verständniszwecken vorwerfen. Aber ab hier möchte ich herumvermuten, denn die neue Sphäre der digitalen, sozialen Vernetzung erscheint mir in wesentlichen Aspekten noch untererforscht. Da gibt es Ethnografen wie Daniel Miller, der 2011 *Das wilde Netzwerk* veröffentlichte und beschrieb, welche gesellschaftlichen Funktionen Facebook abseits seiner technisch beabsichtigten Funktionalitäten bekommen hat. Da gibt es, besonders hervorhebenswert, die in meinen Augen weltweit führende Internetsoziologin Zeynep Tufekci, eine türkisch-amerikanische Wissenschaftlerin, die soziale und politische Entwicklungen von Twitter-Tiraden bis zum Social-Media-Phänomen der Proteste 2012 am Taksim-Platz erforscht.

Einige weitere gibt es, und ich bin dankbar für jede und jeden einzelnen. Aber es sind nicht allzu viele, und die hinterhältige Realität hat sich im 21. Jahrhundert in einen regelrechten Passier-Rausch hineingesteigert. Weltrelevante Dinge geschehen in und mit dem Netz, und noch bevor man mithilfe internetsoziologischer Forschung versteht warum, scheinen die Gründe dafür schon veraltet, weil Twitter ein Feature abgeschafft hat oder Facebook einen Algorithmus verändert. Diese ungeheure Geschwindigkeit des Wandels scheint mir nebenbei einer der Gründe zu sein für den Rückgriff auf die schiere Emotion als Leitlinie sozialen Handelns, der in sozialen Medien deutlich wird. Für das Bemühen der Ratio braucht man Zeit, die man im medialen Gewitter glaubt nicht mehr zu haben. Für einen herübergeschlenzten Like ist immer Zeit, die differenzierte Betrachtung eines komplexen Themenkomplexes unter Einbeziehung der Hintergründe und aktiven Parteien schafft man nicht in der Mittagspause zwischen zwei Telefonkonferenzen.

Die Besinnung auf die Bauchmeinung halte ich deshalb auch nicht für regressiv oder für einen eindeutigen Rückschritt. Vielmehr ist die emotionale Brille, mit der wir sozialen Medien begegnen, auch eine Form von Notwehr gegen Art, Ausmaß und Geschwindigkeit der Informationsströme, denen wir ausgesetzt sind. Wenn man jeden Tag mit hunderten Informationsbröckchen konfrontiert wird, zu denen man sich irgendwie glaubt verhalten zu müssen, dann ist fast die einzige Möglichkeit, dem Bauchgefühl zu folgen. Das Bauchgefühl kommt anhand von wissenschaftlich noch nicht vollständig geklärten Anhaltspunkten in sagenhaften 50 Millisekunden zu einem Urteil. Like, Dislike, Wut, Mitleid, Freude, Zusammengehörigkeit, Hass, Neid – das sind alles emotionale Dropse, die der Bauch bzw. das Gehirn nach weniger als einer Sekunde bereits zu Ende gelutscht hat. Bitte um Verzeihung für die verbogenen Metaphern.

Der Spiegel dieser neuen Interpretation von Gesellschaft, also die sozialmediale Öffentlichkeit, funktioniert nach weniger rationalen und sehr viel emotionaleren Prinzipien. Aber was heißt das im Detail, welche Mechanismen wirken in der und auf die digitalsoziale Öffentlichkeit? Dazu will ich drei Beobachtungen samt entsprechenden Erklärungsangeboten skizzieren, die einen Diskurs und damit ein tieferes Verständnis der sozialen Medien und ihrer Wirkung auf die Gesellschaft provozieren sollen. Dabei möchte ich nochmal betonen, dass ich mich auf dem Grund der qualifizierten Vermutung befinde. Schon weil ich ungern eine solche Gelegenheit zum Name Dropping auslassen wollen würde, möchte ich mich dabei trotzdem an den Theorien großer Denkerinnen und Denker orientieren.

Erster Wirkkomplex der sozialmedialen Öffentlichkeit: Wissensbildung

Weil der erste Komplex einer neuen, sozialmedial geprägten Gesellschaft der Komplex der Wissensbildung ist, möchte ich zu Bourdieu einen anderen französischen Philosophen gesellen: Jean-François Lyotard. Dessen für mich entscheidende Erkenntnis liegt in seinem Buch *Das postmoderne Wissen* von 1979. Die Unterscheidung von szientifischem und narrativem Wissen ist für die sozialmedial vermittelte Welt essenziell. Gesellschaftliche Erzählungen machen einen Großteil unseres Weltverständnisses aus. Natürlich waren sie im 20. Jahrhundert, in dem ausnahmslos jede Person ein Pfund Aufklärung zum Frühstück aß, schlüssig und nachvollziehbar gewonnen aus dem schulisch, beruflich und ökonomisch vermittelten szientifischen Wissen.

Szientifisches Wissen hatte, auch das wissen wir von Lyotard, immer eine Art verborgene Legitimationskrise. Man musste irgendwie glauben, was die Wissenschaft erklärte, weil man es unmöglich selbst überprüfen konnte. Epistemologisch betrachtet übertrug man die Stabilität des eigenen Wissenssystems auf den Glauben an die wissenschaftliche Methode selbst und an ihre Einhaltung durch das System Wissenschaft. Das wunderschöne Wort ›Gewissheit‹ hilft dabei, zu verstehen. Wenn man das Wort ungefähr 127 Mal hintereinander laut ausspricht, dann spürt man die Restzweifel, die darin geschickt verborgen sind.

Restzweifel sage ich nicht zufällig, denn die Aufklärung hat die Skepsis in den Mittelpunkt der Weltwahrnehmung gestellt, und Skepsis ist nichts wert, wenn sie nicht auch an sich selbst zweifelt. Zumindest ein bisschen. Reißschwenk ins sozialmedial vermittelte 21. Jahrhundert: Narratives Wissen und szientifisches Wissen haben sich weiter voneinander abgelöst. Insbesondere in den sozialen Medien. Das Gefühl, zugleich Treibstoff und Produkt der sozialen Medien, hat sich mit aller Macht über alles gestülpt. Auch deshalb ist – auch öffentlich, auch gesellschaftlich, auch außerhalb der Gemeinschaften – die ›gefühlte Wahrheit‹ groß geworden. In der Entstehung des Wissens der sozialmedialen Gesellschaft nähert sich das Publikum der Information zunächst mit dem emotionalen Filter: »Fühlt sich diese Information richtig an?« Das ist keine ganz falsche und auch keine neue Frage. Aber Gefühle sind radikal subjektiv und aus dem Moment geboren. Sie brauchen den Ausgleich durch eine verlässlichere, um Objektivität bemühte Interpretationen der Wirklichkeit.

Früher haben Redaktionen einen Anflug dessen geleistet, indem sie mit all ihrer Formalisierung und Entemotionalisierung und Regulierung auf die Deutung der Welt losgelassen wurden. In einer massensozialen Medienwelt aber sucht sich jeder die

Instanzen der vermeintlichen Objektivität selbst aus, und zwar meist nach emotionalen Kriterien. Es scheint kein flächig vorhandenes, gesellschaftsverbindliches Korrektiv mehr zu geben. Sogar der Duden musste sein ehernes Versprechen »maßgebend in Zweifelsfällen« – quasi die Slogan-gewordene Mutter aller normativen Objektivitätsversprechen – abgeben. Die *Tagesschau*, früher das Übersymbol für die nicht-subjektive Ausdeutung des Weltgeschehens, ist für einen irritierend großen Teil der Gesellschaft zum Epizentrum der Lügenpresse geworden. Die Verschwörungstheorie ist dabei der wichtigste Irrläufer der Wissensbildung.

Was die Entwicklung und Weitergabe von Wissen angeht, sehe ich drei hervorstechende Gründe für das Erblühen der Verschwörungstheorien in den Echokammern der sozialen Medien: Die zunehmende Komplexität der Welt. Dabei spielt es keine größere Rolle, ob die Welt tatsächlich komplexer wird (was ich glaube), oder nur das für uns wahrnehmbare Abbild der Welt immer komplexer wird (was auch sein kann). Dieser durch Nichtverstehbarkeit niederschmetternden Komplexität möchte man als Teilnehmer der Gesellschaft aktiv etwas entgegensetzen. Das geht besonders einfach, indem man Muster sucht, Verbindungen zu erkennen versucht, Zusammenhänge herstellt.

Ärgerlicherweise leidet jedoch der Mensch ab Werk an einer milden bis schweren Form von Pareidolie, der Sucht, überall Muster zu erkennen. Auch dort, wo keine sind oder ganz andere oder nur zufällige Häufungen. Dazu kommt die gewohnheitsmäßige, aber meist unerkannte Überhöhung des eigenen Nahbereichs, und schon ist aus einer zufälligen, selbst erlebten Begebenheit die Bestätigung dieses einen, endlich alles erklärenden Musters geworden. Ich spreche natürlich von der Weltverschwörung der Reptilienmenschen. Wie sollte es auch anders sein, wo ich neulich diese verräterische Eidechse habe quer über den Weg laufen sehen, mich mit starrem Blick fixierend, den Davidstern auf der geschuppten Reptilienhaut angedeutet, aber doch deutlich erkennbar für mich als Experten.

Der zweite Hauptgrund für die allgegenwärtigen Verschwörungstheorien bei der Wissensbildung in sozialen Medien ist besonders doof. Denn er liegt in der Gesellschaft selbst begründet, im kapitalistischen System, in der Politik des 20. Jahrhunderts. Er besteht aus der unleugbaren Tatsache, dass Verschwörungen existieren. Auch große, und auch solche, von denen viele Jahre jeder vernünftige Mensch geschworen hätte, sie seien das Produkt einer paranoid eskalierenden Phantasie. Als Beweis dafür reicht die Nennung eines einzigen Namens: Snowden. Vor Snowden schien die Behauptung der Existenz von elektrizitätslos funktionierenden, nicht detektierbaren Miniwanzen, die Daten aufzeichnen und aus der Ferne per Radar ausgelesen werden können, einem schlechten Science-Fiction-Film entnommen.

Heute wissen wir, dass es den ›Ragemaster‹ gibt, eine Datenwanze, die genau so funktioniert. Und es sind nicht nur die ach so bösen Amerikaner. Die nachweislich existierenden Verschwörungen dampfen in Deutschland mindestens genau so heftig, auch das ließ sich durch Snowdens Enthüllungen erkennen. In einem angrenzenden Bereich lässt sich mutmaßen, dass der gesamte NSU-Komplex, bei dem inzwischen der fünfte Zeuge, ich wiederhole: der fünfte Zeuge lange vor seiner Zeit zufälligerweise gestorben ist, uns in diesem Kontext noch um die Ohren fliegen und dabei eine bittere Verschwörung offenbaren könnte. Der zweite, große Grund für das Erstarken der Verschwörungstheorie ist also, dass es viele auch nach gesellschaftlich akzeptierten Regeln nachweisbare Verschwörungen gibt. Samt der zugehörigen Manipulationen öffentlich verfügbarer Information durch Regierungen, Behörden, Interessengruppen. Die britische Spionagebehörde GCHQ hat eine eigene Abteilung namens JTRIG, deren erklärter Auftrag die Manipulation der öffentlichen Meinung ist. Das schließt explizit Rufmord-Kampagnen ebenso ein wie Manipulation von Online-Umfragen und gefälschte Internet-Kommentare. Man wäre schlecht beraten zu glauben, dass nicht auch andere Geheimdienste, etwa der russische, solche Manipulationsabteilungen unterhalten. Die ebenso wie alle anderen in Deutschland ein wichtiges Aktionsfeld sehen.

Der dritte Grund für die Allgegenwart der Verschwörungsunterstellung in der sozialmedialen Informationssphäre ist mit der Aufspreizung von Lyotards narrativem Wissen zu erklären. Die ständige Konfrontation mit den vielen Unerklärbarkeiten der Welt provoziert, dass man sich selbst verzweifelt Erzählungen und Suberzählungen sucht, die Klarheit schaffen. Mit denen sich endlich ein umfassendes Verständnis dieser nervigen, komplizierten, Milliarden Grautöne beinhaltenden Welt erreichen lässt. Da greift man gern auf ein Erklärungsangebot zurück, das zwar in einer Art Medienmimikry formal die Präsentation des szientifischen Wissens nachahmt. Aber in keiner Weise den seit der Aufklärung herausgebildeten Regeln für eben dieses Wissen folgt.

Dazu kommt, dass innerhalb erklärender Narrative eine Ideologie leicht für eine Verschwörung gehalten werden kann. Handeln die Mitglieder dieser oder jener Gruppe alle ähnlich, weil sie ähnliche Werte verinnerlicht haben und die gleiche Idee verfolgen? Oder weil sie sich heimlich absprechen, sich also verschworen haben? Ebenso lässt sich durch die Möglichkeit, dass jeder alles ins Netz schreiben kann, für alles und auch das Gegenteil von allem eine Bestätigung im Internet finden. Die schiere Informationsmasse dieser Borges-Bibliothek zu Babel, die das Netz auch ist, hat bewirkt, dass zusammen mit dem Wunsch, Muster zu erkennen, sich alles erkennen lässt im Netz. Ergänzt durch die Gefühlsbrille, die vereinfacht, bestätigende Informationen selektiv wahrzunehmen und alles andere auszublenden. Der Komplex der Wissensbildung und -vermittlung ist also trotz der früh erkannten enormen Chancen und Möglichkeiten gerade für Bildung durch die Existenz sozialer Medien und ihre basalen Funktionen zunächst in einer Krise gelandet.

Zweiter Wirkkomplex der sozialmedialen Öffentlichkeit: Selbstvergewisserung und Identifikation

Der zweite Komplex, den ich nach der gesellschaftlichen Wissensbildung im Netz beleuchten möchte, bezieht sich auf die soziale Selbstvergewisserung und Identifikation durch und mit sozialen Medien. Es scheint schon im 20. Jahrhundert eine wesentliche, identifikative Funktion der Selbstvergewisserung durch Massenmedien gegeben zu haben. Die Kommunikation der großen Massenmedien über sich selbst weist daraufhin: »Spiegel-Leser wissen mehr«, »Für die Info-Elite«, »Dahinter steckt immer ein kluger Kopf« – das sind nichts Anderes als Identifikationsangebote. Sie dienen der sozialen Selbstvergewisserung: »Ich lese Spiegel oder FAZ, ich gehöre zu den Besserwissenden, verfüge über einen klugen Kopf und durch Zurschaustellung meines Medienkonsums kann das auch jeder sehen«. Aber niemand kann sehen, was für kluge Artikel ich auf meinem Smartphone in der Bahn lese. Wie bitter. Da quäle ich mich durch kilometerlange, öde Textwüsten und niemand bekommt es mit. Das Digitale beraubt mich meiner gewohnten Repräsentationsmöglichkeiten zur sozialen Selbstvergewisserung. Zum Glück springen die sozialen Medien mit Anlauf in die entstandene Lücke. Nur ein Klick, nur ein Like, nur ein wissender Kommentar – und schon weiß mein soziales Umfeld, was ich lese und wie verständig ich bin. Ich kann mich dadurch zu der digitalen Persona herausputzen, einer medial inszenierten Person, die ich gern sein möchte. Hierbei beziehe ich mich in erster Linie auf Erving Goffman und sein Standardwerk, *The Presentation of Self in Every-Day Life*, mit dem albernstmöglichen deutschen Titel: *Wir spielen alle Theater*. Das für mich relevante Zitat, von mir selbst etwas freier übersetzt: »So ist es für uns alle möglich, für kurze Zeit die schlimme Person zu werden, von der wir glauben, dass die anderen uns dafür halten können«.

In sozialer Interaktion die schlimmstvorstellbare Person werden, ohne es so recht zu merken – es wirkt, als hätte Goffman die

Wirkung sozialer Medien schon 1956 erkannt. Darin ist, glaube ich, der Mechanismus verborgen, der den Verstärkungseffekt der sozialen Medien ausmacht. Denn es ist ja nicht nur neu, dass man in die Köpfe der Menschen beim Verfertigen von Gedanken und Gefühlen hineinschauen kann, die soziale Vernetzung hat nicht nur eine neue Perspektive auf etwas Bestehendes eröffnet. Sie hat auch eine neue soziale Dynamik ermöglicht. Am einfachsten lässt sich diese digitalsoziale Dynamik anhand der zahlreichen rechtsextremen Communities im Netz entdecken und erklären. Sie ist zwar vermutlich überall am Werk, aber ausgerechnet dort, bei einer offen menschenfeindlichen Welthaltung – also dem größten Tabu der massenmedialen Gesellschaft des späten 20. Jahrhunderts – lässt sie sich gut entlarven.

Mit jeder neuen, in sozialen Medien mindestens halböffentlichen Aussage, die etwas monströser daherkommt, aber immer noch 100 Likes bekommt, verschiebt sich die Grenze des öffentlich Sagbaren in der Gesellschaft weiter in Richtung Monstrosität. Und alle Likenden bekommen es unmittelbar mit. Daraus ergibt sich der Verstärkungseffekt. Mit Goffman gesprochen, reicht dafür dieser eine Moment, in dem eine einzelne Person der schlimmstdenkbare Mensch ist. Und sich entsprechend äußert. Die Idee des ›Overton-Window‹ gilt auch für die sozialmediale Öffentlichkeit. Dass also ein bestimmter Bereich der gerade noch gesellschaftlich akzeptierten, öffentlichen Kommunikation existiert. Dieses Overton-Window öffnet sich immer weiter. Man kann heute in der Öffentlichkeit Dinge sagen, für die man vor zwanzig Jahren gesellschaftlich geächtet worden wäre. Eventuell liegt das daran, dass die sozialmediale Öffentlichkeit einen so großen gesellschaftlichen Einfluss bekommen hat, dass sie auch in der massenmedialen Öffentlichkeit Prägekraft entwickelt hat.

Soziale Selbstvergewisserung – bin ich mit dieser Äußerung noch akzeptierter Teil einer Gemeinschaft und der Gesellschaft? – wirkt besonders stark, wenn sie schreien kann: Dagegen! Identifikation in der Gruppe über plakative Gegnerschaft also. »Wir gehören zusammen und müssen uns wehren, weil wir und unsere gemeinsamen Werte angegriffen werden!« Das ist die hochemotionale Erzählung, die hinter den rechten und rechtsextremen Gruppierungen im Netz steht und so gut funktioniert. Schon mit einem Like, mit einem Codewort, mit einem angedeuteten Scherz ist in Sachen Zugehörigkeit alles klar. ›Kulturbereicherer‹ oder ›Fachkräfte‹ sind Spottworte, mit dem Zuwanderer verhöhnt werden und zugleich auch die bürgerliche Öffentlichkeit, die mit klassischer Mäßigung als Ausgleich auch das Positive der Zuwanderung betonen wollte, die Bereicherung der Kultur etwa oder die qualifizierten Arbeitskräfte, die ins Land kommen. Ein einzelnes Wort reicht damit unter Rechten für die Identifikation, die gemeinsame Selbstvergewisserung aus. Deshalb ist es auch so überraschend leicht, diese diffusen Gruppierungen zu infiltrieren, wie es eine ganze Reihe von Journalisten und Bloggern Anfang 2016 getan haben. Einen rechtsextremen Artikel verlinken, ein paar Like-heischende Kommentare auf den entsprechenden Facebook-Seiten, ein plakatives, Zugehörigkeit signalisierendes Profilbild – schon ist man akzeptiert in Gruppen wie »Wir sagen NEIN zum Heim« oder »Deutschland zuerst!«. Wenn man einen deutschklingenden Namen trägt.

Es ist nicht überraschend, dass Leute mit einer großen Anfälligkeit für rassistische Narrative sich weitgehend an Äußerlichkeiten orientieren, was die Einschätzung anderer Personen angeht. Aus dieser gemeinschaftlichen, sozialen Selbstvergewisserung entsteht in den sozialen Medien eine lose, aber sehr große und gefühlt homogene Gruppe: das rechtsextreme Wir. Dieser Extremismus mag nicht in jedem Mitglied bewusst herangereift sein. Aber der Extremismus ist trotzdem ein konstituierendes Element der gesamten sozialen Gruppierung. Zwar wird der Extremismus-Begriff selbst in der Wissenschaft nicht immer trennscharf verwendet. Aber ich möchte ihn hier benutzen, weil sich in den sozialen Medien drei Bestandteile eines Rechtsextremismus deutlich abzeichnen: Eine immense, zur Schau gestellte Menschenfeindlichkeit. Eine sehr absolute, ausschließende Radikalität, die jeden Kompromiss oder Diskurs verunmöglicht. Und schließlich, im emotionalen Zentrum der meisten rechtsextremen Bewegungen – das Gefühl der Notwehr.

In den sozialen Medien und selbstverstärkt durch die sozialen Medien, in den Echokammern und den übergeordneten, politischen Deutungen der Welt – überall dort wabert das Gefühl herum: »Wir müssen uns endlich wehren! Denn wir werden angegriffen! Wir werden ausgelöscht! Wir, also das deutsche Volk – sollen ersetzt werden! Von amerikanisch-zionistischen gekauften BRD-GmbH-Echsenmenschen! Merkel muss weg!«

Was sich hier albern anhört, ist bitterer und extremistischer Ernst der entsprechenden politischen Gruppierungen. Gauland, ein klassisch gebildeter, intelligenter Mann, hat die Theorie der geplanten Ersetzung von denjenigen, die er für ›die Deutschen‹ hält – die so genannte ›Umvolkung‹ – mehrfach in der Öffentlichkeit angedeutet. Der Hintergrund ist verständlich, wenn man die Mechanik der sozialen Selbstvergewisserung betrachtet. Denn es ist ja gerade eben nicht so, dass alle diese Rechtsextremisten von Anbeginn Monster sind. Es sind ganz unterschiedliche Leute, die nicht gelernt haben, mit den Schwierigkeiten der modernen Welt umzugehen. Die deshalb einfache Narrative benötigen, mit denen sie sich selbst vergewissern, nicht die Schuld an ihren eigenen Schwierigkeiten zu tragen. Deshalb brauchen sie Schuldige.

Es sind also Leute, die durchaus noch in moralischen Maßstäben denken und fühlen wollen, zumindest teilweise und anfänglich. Daher wird eine Atmosphäre der Notwehr beschworen – denn Notwehr ist die einzige gesellschaftlich akzeptierte Form der physischen Gewalt. Das ist des Pudels Keim, und das ist der Grund, warum diese rechten Bewegungen nicht als ›rechtspopulistisch‹ bezeichnet werden sollten – sondern als rechtsextrem. Sie zielen mit ihren Narrativen, mit ihrer Erzählung der Wirklichkeit auf Gewaltszenarien, getarnt als Notwehr und Selbstverteidigung.

Das ist die beginnende Legitimierung von Gewalt gegen Menschen. Geboren aus der sozialen Selbstvergewisserung, verstärkt durch die Mechanismen der Repräsentation des rechtsextremen Wir in sozialen Medien. Inklusive der lange bekannten Mechanismen wie der Entmenschlichung derjenigen, gegen die man Gewalt anwenden wird, nämlich die Flüchtlinge, die man zum bedrohlichen Flüchtlingstsunami herabwürdigt. Das ist die verbale Vorbereitung von systematischer Gewalt. Ein bekanntes Diktum von Bourdieu aus *Die verborgenen Mechanismen der Macht*: »Tatsächlich üben Worte eine typisch magische Macht aus: sie machen sehen, sie machen glauben, sie machen handeln«. Hier greift die soziale Dynamik der Selbstvergewisserung hinein in die des gemeinschaftlichen Handelns: Wenn der Vorschlag, Flüchtlinge anzuzünden, so viele Likes bekommt, wird die Handlung selbst eher als gewünscht und richtig empfunden. So werden aus extremistischen Worten extremistische Taten, mithilfe der sozialen Medien. Das also ist der Transmissionsriemen zum dritten Komplex der Wirkung sozialer Medien auf die Gesellschaft: der Übertrag auf die Politik.

Dritter Wirkkomplex der sozialmedialen Öffentlichkeit: Politische Wirkung

Der dritte und letzte Komplex beschreibt die neuen medial-politischen Aspekte der Gesellschaft durch soziale Medien, genauer die Verbindung von Medien und Demokratie. Es beginnt mit Jürgen Habermas und seiner Habilitation von 1962 *Strukturwandel der Öffentlichkeit*. Sein daran anknüpfendes, späteres Konzept der deliberativen Demokratie, das für das 20. Jahrhundert gut zu gebrauchen war, scheint im sozialmedialen 21. Jahrhundert zur Erklärung der Wechselwirkung zwischen Öffentlichkeit und Politik allein weniger gut geeignet. Denn in der deliberativen Demokratie, also in einer Demokratie, die zentral auf öffentlichen Diskursen beruht, scheint nicht vorgesehen, mit welchem irrationalen, gefühlsgetriebenen Aberwitz heute Diskurse im Netz stattfinden. Die beschriebene (erneute) Krise des rationalen, öffentlichen Diskurses ist auch eine Krise der deliberativen Demokratie.

Und mit welcher Wirkung. Fast 50 Prozent der Stimmen für einen österreichischen Rechtsextremisten bei der dortigen Bundespräsidentenwahl. Fast ein Viertel der Stimmen bei der Landtagswahl in Sachsen-Anhalt für Leute, die behaupten, dass wir unmittelbar vor der endgültigen Islamisierung des Landes stehen. Dass Merkel bald nach Chile flüchten muss. Dass ein Mensch mit Namen Boateng nicht einmal dann wirklich deutsch sein kann, wenn er in Berlin geboren und aufgewachsen ist und für die deutsche Nationalmannschaft spielt.

Wir befinden uns offenbar mitten in einem erneuten Strukturwandel der Öffentlichkeit, reloaded by Social Media. Um das zu erklären, möchte ich etwas ausholen und in den Bereich eintauchen, der früher ›Gegenöffentlichkeit‹ genannt wurde. Ursprünglich als linksrevolutionäres Konzept verstanden, das davon ausging – es sei an Bourdieus Fixierung auf Machtstrukturen erinnert – dass Medien eine tendenziell herrschaftsstützende Funktion in der Gesellschaft haben, Investigation hin, kritische Berichterstattung her. Medien können eventuell für die Einhaltung der Regeln im bestehenden System sorgen und die Mächtigen durch Herstellung einer Öffentlichkeit sanktionieren. Aber öffentlicher Druck kann nur so groß sein, wie es die Machtstrukturen zulassen. Kohls Bewältigungsmethode des Aussitzens hat davon einen kleinen Eindruck verschafft. Gegenwärtig zeigt der autoritäre, paranoide, narzisstische Erdoğan in der Türkei, wie sich eine vormalige Demokratie des Mittels des öffentlichen Drucks durch die Medien beraubt und berauben lässt. Ich halte es nicht für einen Zufall, dass Erdoğan ein echter, geradezu klinischer Verschwörungstheoretiker ist, dessen Karriere als Internetkommentator nur daran scheiterte, dass er gleich die ganze Türkei als sein eigenes Kohlenstoff-Internet missbraucht.

Die Gegenöffentlichkeit ist jetzt in Deutschland flächendeckend angekommen. Aber verdammt – sie ist nicht linksaufklärerisch und liberal und weltoffen – sondern rechtsextrem. Niemand versteht derzeit besser als die Rechtsextremen, die emotional verbindenden und aktivierenden Elemente der sozialen Medien für sich zu nutzen. Der Erfolg der AfD ist im Netz geboren. Die AfD ist ohne Zweifel die erste erfolgreiche Internet-Partei Deutschlands. Sie nutzt die Gegenöffentlichkeit konsequent und gewissermaßen im Verbund mit Online-Offline-Phänomenen wie PEGIDA. Was für eine Schmach für die liberale Linke, dass ihr altes Konzept der Gegenöffentlichkeit im Zeitalter der digitalen Vernetzung so erfolgreich von reaktionären Kräften umgesetzt wird. Von Leuten, die – ich zitiere Gauland – »das Land in dem Zustand erhalten wollen, indem sie es von ihren Vätern und Vorvätern bekommen haben«.

Wer nicht glaubt, dass die AfD ihren Erfolg sozialen Medien verdankt, dem möchte ich das – zum Glück nur als Gedankenexperiment vorhandene – Facebook-Parlament vorstellen. Das wäre das Parlament in Deutschland, wenn Facebook-Likes gleichbedeutend wären mit Wählerstimmen (Stand 7. Juni 2016):

AfD	274.044	Stimmen
NPD	163.847	Stimmen
Die Linke	140.157	Stimmen
CDU	106.870	Stimmen
SPD	105.703	Stimmen
Grüne	103.509	Stimmen
FDP	47.283	Stimmen

(Die Quatschpartei DIE PARTEI ignoriere ich so offensiv wie konsequent.)

Das ergibt im Facebook-Parlament von Deutschland für AfD und NPD zusammen 46,5 Prozent – wenn die FDP an der 5-Prozent-Hürde scheitert, ist das die absolute Mehrheit. Und hier fügt sich politisch, sozialmedial und emotional alles zusammen. Repräsentiert durch eine Person, die ich für den gegenwärtig gefährlichsten Mann in Deutschland halte. Marc Jongen ist Philosoph und ehemaliger Schüler von Peter Sloterdijk, er ist in Baden-Württemberg ansässig. Er ist der AfD-Philosoph. Er ist so gefährlich, weil er hochintellektuelle, klug durchargumentierte Rechtfertigungen gewaltbereiter Wut schnitzt. Er flicht die Narrative, die rechtsextreme Gewalt legitimieren können.

Er benutzt dafür den Begriff ›Thymos‹, als dritten Teil der altgriechischen Lehre Platons, die er neu interpretiert für seine Zwecke. Dabei sieht er drei ›Seelenfakultäten‹ jeder Persönlichkeit: den Logos, den Intellekt; den Eros, die Lust; und die Gefühlslage Thymos. Jongen ist der Meinung, dass die Deutschen ihren Thymos zu lange unterentwickelt gelassen hatten. Daraus folgt die Hoffnung, dass jetzt endlich wieder die Zeit des Volkszorns anbräche. Wut, Zerstörung, körperliche Attacken – akzeptabel, wenn nur der deutsche Thymos endlich wieder brodelt. Jongen sagt dann Sätze, die die FAZ so zitiert: »Weil es Deutschland an Zorn und Wut fehle, mangele es unserer Kultur auch an Wehrhaftigkeit gegenüber anderen Kulturen und Ideologien«. Und: »Einzig die AfD lege ›Wert darauf, die Thymos-Spannung in unserer Gesellschaft wieder zu heben‹«.

Dies ist das intellektuelle Fundament der antidemokratischen, reaktionären, wutentbrannten Bewegung des Rechtsextremismus, gewachsen in der Gesellschaft mit den sozialen Medien. Jongen ist die Personifizierung der Tatsache, dass Bildung ohne Herzensbildung nichts wert ist, sondern im Gegenteil den direkten Weg in die Entzivilisierung der Gesellschaft darstellt. Der dritte, politische Wirkkomplex der sozialen Medien verdeutlicht, dass Politiken der Empörung in den gegenwärtigen sozialen Medien besser funktionieren und spürbar zurückwirken auf die politische Welt außerhalb des Internets. Das ist eine so traurige wie alarmierende Erkenntnis, und sie scheint weltweit zu gelten.

Das Ende der Gesellschaft, das Ende unserer Illusion von Gesellschaft zeigt uns damit auf: Es scheint wieder möglich, was lange kaum möglich schien – eine politische Bewegung in Deutschland von maßgeblicher Größe, Kraft und Wirkung, die den Furor des Extremismus mit der Institutionalisierung des Mobs verbindet. Wir müssen als Demokraten höllisch aufpassen, dass uns nicht die Instrumente der Aufklärung entrissen werden, umgedeutet werden und mit aller Radikalität menschenfeindliche Ideologien vorangetrieben werden. Die tiefer und tiefer in das System einsickern können. Gestern war es der NSU, dessen merkwürdige Verbindungen zum Verfassungsschutz uns sehr stark beunruhigen sollten. Heute ist es die Selbstverständlichkeit, mit der Menschenverachtung in riesigen, öffentlichen Räumen mitten in der Gesellschaft geäußert wird. Morgen werden es AfDler sein, die ihren Anteil an der demokratischen Ausgestaltung der Republik einfordern. Der Marsch durch die Institutionen kann auch von rechts geschehen.

Aber so kann ich doch nicht schließen. So deprimierend kann ich doch keine Mediendozentur abschließen. Deshalb möchte ich den Beginn einer Wendung ins Positive versuchen, und zwar anhand einer Persönlichkeit, die im Frühsommer 2016 gestorben ist. Passenderweise einer schwarzen, muslimischen, bürgerrechtsaktiven Persönlichkeit. Die Rede ist natürlich von Muhammad Ali. Eine oft erzählte Anekdote hilft vielleicht dabei, die deprimierende, schlecht scheinende Realität zu drehen und Energie für das Gute, oder zumindest für das weniger Schlechte daraus zu machen.

An einem regnerischen Tag des Jahres 1954 fuhr der zwölfjährige Muhammad Ali in Louisville zu einer Home Show, weil es dort Gratis-Hot-Dogs geben sollte. Er fuhr dorthin mit seinem ganzen Stolz, nämlich einem rotweißen Fahrrad der Marke Schwinn, das sagenhafte 60 $ gekostet hatte. Nachdem er mit einem Freund die Home Show besichtigt hatte, wollte er zurück nach Hause – aber Schreck – das Fahrrad war gestohlen. Zorn, Enttäuschung, Deprimiertheit. Ali fragte einen Passanten, wo der nächste Polizist zu finden sei. Der sagte ihm, dort drüben ist Joe Martin, in dieser komischen Sporthalle. Joe Elsby Martin war tatsächlich Polizist, aber er war auch Box-Trainer und führte eine Boxhalle in Louisville. Als Ali ihm schilderte, dass er den bösartigen Fahrraddieb anzeigen und vermöbeln wolle – erwiderte Martin, vermöbeln könne man lernen. Und zwar von ihm und hier, in der Boxhalle. Joe Martin wurde der erste Boxtrainer von Muhammad Ali, dessen Schaffen ich für die Weltgeschichte für wichtiger halte als für seinen Sport. Mit dieser wie ein kleines Taschenlagerfeuer wärmenden Anekdote möchte ich sagen – aus dem eindeutig Schlechten kann ganz unmittelbar etwas eindeutig Gutes erwachsen.

Man braucht bloß den Willen dazu und die Beharrlichkeit und die Energie, auch dann ein Brett zu bohren, wenn es sich unendlich dick anfühlt. Ich möchte als schlecht verkappter Moralist dazu aufrufen, sich zu beteiligen. Den gesellschaftlichen Entwicklungen mit den und durch die sozialen Medien eigene Entwürfe entgegenzustellen, und zwar genau dort: in den sozialen Medien, im Internet, in der Diskurs-Öffentlichkeit.

Reclaim Social Media! Erobert die sozialmediale Gesellschaft zurück!

Georg Mascolo

Die Zeit des großen Verdachts.
Eine biografische Skizze zu Georg Mascolo — Vorbemerkung der Herausgeber

Vielleicht werden Mentalitätshistoriker auf der Suche nach den Bewusstseinsspuren einer Epoche dereinst vier Tweets von Donald Trump ausgraben, die er im Frühjahr 2017 im Abstand von wenigen Minuten abgefeuert hat. Vielleicht werden diese vier Tweets dereinst als Signatur dieser Epoche gelten, die man die Zeit des großen Verdachts nennen könnte. Donald Trump wirft hier in seiner hämmernden Wut-Prosa dem Vorgänger-Präsidenten Barack Obama vor, er habe ihn während des Wahlkampfes abhören und ausspionieren lassen. Und er greift damit die Verschwörungstheorie eines tiefen Staates auf, die schon länger unter seinen Anhängern und Beratern kursiert. Der tiefe Staat – das sind die Kräfte, die sich im Establishment von Washington und im Gefolge von Barack Obama zum Putsch verabredet haben, um Trump scheitern und ihn irgendwann über Gerüchte zu seinen Russland-Verbindungen stürzen zu lassen, so die Annahme.

Ist das nicht verrückt? Natürlich ist es das, denn es gibt keinen einzigen belastbaren Beweis für die Abhöraktion. Aber eben diese Verrücktheit ist symptomatisch für die Zeit des großen Verdachts. Alles scheint möglich, alles denkbar. Trump ist nur der seltsamste und mächtigste Symptomträger dieser fiebrigen Mentalgymnastik, die im pauschalen Argwohn und der totalen Skepsis erstarrt. Umfragen belegen: Die Verschwörungstheorie, einst eine Denkfigur der Selbstisolation, ein Exerziersport von Spinnern an der Peripherie, breitet sich auch hierzulande aus, sie wird diskursmächtig. Sind es russische Trolle und die Geheimdienste, die in den sozialen Netzwerken attackieren? Regieren Schweigekartelle in den Massenmedien? Haben raffinierte Digital-Spezialisten durch gezielte, personenbezogene Propaganda erst den Brexit möglich gemacht und dann dem Mann im Weißen Haus zum Wahlsieg verholfen, wie man in linksliberalen Kreisen argwöhnt? Schon diese wenigen Fragen zeigen: Düster schillernde Manipulationsbehauptungen sind in Mode und zerstören, gleichsam nebenbei, einige Annahmen, die gerade noch unbezweifelbar schienen. Denn es ist noch nicht lange her, da war man sich sicher: Mehr Information macht automatisch klüger und mündiger und führt ziemlich direkt zu besseren Entscheidungen. Heute ist diese Gewissheit weitgehend demontiert. Frei flottierende, oft fragmentarische Informationen, so scheint es, verunsichern die einen und bestärken die anderen in ihren ohnehin vorhandenen Urteilen und Vorurteilen. Mehr Information macht die einen misstrauisch, weil man unmittelbar sieht: Alles könnte immer auch anders sein. Und mehr Information macht andere mit bizarren Ansichten ungeheuer selbstsicher, denn sie erlaubt es ihnen zu bestätigen, was sie ohnehin glauben und unbedingt glauben wollen. Man muss, um dies nachzuempfinden, nur eine halbe Stunde zwischen den Websites von Impfgegnern und sogenannten ›Klimaskeptikern‹ hin und her surfen. Man muss sich nur anschauen, welche Karriere ein Angstwort wie die Rede vom ›postfaktischen Zeitalter‹

hingelegt hat. Und man muss sich nur fragen: Was ist im amerikanischen Wahlkampf wirklich passiert? Waren es russische Hacker, die über den Umweg von WikiLeaks die Wahl von Trump möglich gemacht haben? Gab es Absprachen? In welcher Form? Sind Fake News schuld? Was stimmt überhaupt?

In der Phase einer spürbaren Wahrheitskrise ist es geboten, die Begriffe zu schärfen – was sind überhaupt Fake News, was ist bewusste Lüge, was gezielte Desinformation? Und wie kann man, zumal als Journalist, der informationellen Verunsicherung der Gegenwart begegnen? Georg Mascolo stellt sich diesen Fragen als ein Protagonist des investigativen Journalismus, der seit Jahrzehnten eine eigene Form von Aufklärung praktiziert und lebt. Er hat bei der *Schaumburger Zeitung* als Volontär gearbeitet und hier, noch als journalistischer Novize, auf einem Bahnhof in Oberndorf mehrere Waggons entdeckt, in denen das Seveso-Gift gelagert wurde. Das war – in einer Serie von brisanten Geschichten – die erste Enthüllung, die für Furore sorgte. Bald wurde er abgeworben, zuerst ging er zum Radio, recherchierte für den Sender FFN über die Spielbank-Affäre in Hannover, dann zu *Spiegel TV*. Wer sich mit seinem beruflichen Werdegang befasst, der wird besonders auf einen Moment aufmerksam, der ein Gespür für Themen und Situationen zeigt, das man ›professionelle Intuition‹ nennen könnte. Am Abend des 9. November 1989 machte sich Georg Mascolo mit seinen Kameraleuten auf den Weg zum Berliner Grenzübergang Bornholmer Straße. Günter Schabowski vom DDR-Politbüro hatte eine maximal verwirrende Pressekonferenz gegeben und auf Nachfrage erklärt, nun herrsche unverzüglich Reisefreiheit. Im Deutschen Bundestag wurde die Nationalhymne gesungen, Willy Brandt weinte öffentlich. Und Georg Mascolo filmte mit seinem Team als einziger den historischen Moment, als eine Diktatur endgültig in sich zusammenfiel und die DDR-Grenzer völlig überfordert mit dem Satz »Wir fluten jetzt!« die Schlagbäume öffneten. Heute gehören diese Filmaufnahmen zum Weltdokumentenerbe der UNESCO, zu einer Sammlung von Dokumenten, an die sich die Menschheit erinnern sollte, wie es in den Statuten heißt. Hier findet man die Gutenberg-Bibel, Goethes Nachlass, die 9. Sinfonie von Beethoven und eben den Film über den Fall der Mauer an der Bornholmer Straße – keine schlechte Gesellschaft, das muss man so sagen.

Von 1992 an hat Georg Mascolo für den gedruckten *Spiegel* gearbeitet und das Hauptstadtbüro geleitet, er war Korrespondent in Washington, schließlich fünf Jahre lang *Spiegel*-Chefredakteur. Heute leitet er den Rechercheverbund von NDR, WDR und *Süddeutscher Zeitung*, er unterrichtet an der Harvard University, veröffentlicht medienkritische Essays und publiziert Enthüllungsgeschichten, die national und international für Aufsehen sorgen. Fast im Wochentakt zeigt er in Artikeln für die *Süddeutsche Zeitung*, in Radio- und Fernsehauftritten, was investigativer Journalismus kann, nämlich aufdecken, einordnen, erklären, gleichermaßen präzise und angstfrei. Und dies in einer großen thematischen Breite: von den Steuerbetrügereien eines Uli Hoeneß bis hin zu Edward Snowden; von der NSA-Affäre bis hin zu BND-Skandalen; von der Islamisten- und Dschihadisten-Szene bis hin zu den Panama Papers, deren Enthüllung Georg Mascolo begleitet hat. 400 Journalisten von 100 Medien aus 78 Ländern haben hier über ein Jahr zusammen gearbeitet, um Steuerhinterziehung und verdeckte Geldflüsse zu recherchieren, die riesigen Datenmengen eines Whistleblowers (es handelt sich um 11,5 Millionen Dokumente) zu ordnen und dann ihre Berichte zeitgleich zu veröffentlichen – ein Beispiel dafür, wie man Weltöffentlichkeit herstellen kann.

Wer seine Artikel und Analysen in der Zusammenschau studiert, der bemerkt: Georg Mascolo kombiniert die vorsichtige, fragende, zweifelnde Position des Skeptikers mit der vollkommen unerschrockenen Recherche. Er geht den Dingen so weit wie nur irgendwie möglich auf den Grund, aber dies in dem Wissen, wie mächtig Vorurteile und vorschnelle Schlussfolgerungen sein können. In dieser Mischung aus Recherchedisziplin und Mut, aus engagierter Aufklärung und grundsätzlicher Skepsis, zeigt sich, so scheint es uns, die Diskursethik, die es heute braucht. Denn eben diese Kombination aus Tatsachenorientierung und Fehlerbewusstsein bietet – gerade in Zeiten des großen Verdachts – ein Wertegerüst für die öffentliche Auseinandersetzung; dies in dem Wissen, dass der gesellschaftliche Diskurs den *common ground* des Gesicherten benötigt und dass *common ground* und *common sense* doch ziemlich eng miteinander verbunden sind.

Georg Mascolo

Krieg der Worte.
Fakt, Fake und die neue Macht der Lüge

In diesem Herbst gehen Sie, ich vermute jedenfalls die meisten von Ihnen, zur Wahl.[1] Aber bevor Sie von Ihrem wichtigsten Recht Gebrauch machen, das eine freie und selbstbestimmte, eine demokratische Gesellschaft ausmacht, hören oder lesen Sie das hier: Angela Merkel ist gar nicht in Hamburg geboren worden, sie hat ihre Biografie gefälscht und sagt darüber seit Jahren die Unwahrheit. Sie zog auch nie mit ihren Eltern im Kindesalter in die DDR. Die Frau hat Sie belogen.

Dann hören und lesen Sie, dass jemand aus Merkels engstem Familienkreis in ein spektakuläres politisches Verbrechen verwickelt gewesen sei – oder jedenfalls den Täter auffallend gut kannte. Das hat sie Ihnen auch verschwiegen. Und schließlich das: Die Kanzlerin, der Sie gerade die Stimme für eine vierte Amtszeit geben wollten, soll gar nicht entschlossen sein, den islamistischen

1 Die Rede zur Tübinger Mediendozentur wurde am 20. Juni 2017 gehalten.

Terrorismus zu bekämpfen. Sie soll sogar an der Gründung einer Mordbande, die sich selbst ›Islamischer Staat‹ nennt, beteiligt gewesen sein. An entscheidender Stelle. Unfassbar. In den sozialen Netzwerken, selbst in ruhigen Zeiten schon Orte fiebriger Erregung, ist jetzt die Hölle los: Überall Hinweise, die all dies zu bestätigen scheinen. Sie suchen im Internet, stundenlang. Und finden Geschichten, in denen scheinbar detaillierte Belege für diese Vorwürfe ausgebreitet werden. Oder aber akribisch dargelegt wird, wer solche Geschichten erfindet und nun verbreitet, um ihre politische Karriere zu beenden. Steckt womöglich der russische Geheimdienst dahinter – im Auftrag des Kreml? Experten sagen, das könne sein, so etwas habe man ja befürchtet. Aber genaues wisse man nicht. Die Lage ist unübersichtlich. Aber glücklicherweise gibt es auch noch andere Möglichkeiten sich zu informieren. Sie schalten also den Fernseher ein, beunruhigt, verwirrt. Aber je nachdem, für welchen Kanal Sie sich entscheiden, hören Sie: Man muss das schon ernst nehmen. Oder: Nichts davon ist wahr. Alles gelogen. Und in dem Kanal, der die Kanzlerin auffällig und dauerhaft verteidigt, wird dann schließlich diese sensationelle Nachricht verbreitet: Martin Schulz hat Sie belogen. Er kommt gar nicht aus Eschweiler und war auch nie Bürgermeister in Würselen. Was ist wahr? Was sollen Sie am Sonntag tun? Wen soll man jetzt noch wählen? Sollten Sie nicht lieber zuhause bleiben? Nichts von alledem ist wahr, Sie alle wissen es. Nichts davon hat sich ereignet. Man darf auch hoffen, dass sich nichts davon in den drei Monaten, die wir noch bis zur Bundestagswahl haben, ereignen wird. So weit sind wir nicht. Jedenfalls in Deutschland.

Aber alle hier genannten Beispiele hat es gegeben: Ersetzen Sie Deutschland durch die Vereinigten Staaten von Amerika. Ersetzen Sie Angela Merkel und Martin Schulz durch die politischen Gegner von Donald Trump, Barack Obama und Hillary Clinton zum Beispiel. Denn das ist, was sich vor den amerikanischen Wahlen im vergangenen Herbst ereignet hat, in einer der ältesten Demokratien der Welt. Einem Land, das uns Deutschen die Demokratie überhaupt erst beigebracht hat. Geklärt wird noch die Frage, ob und welche Rolle bei diesen Wahlen der russische Geheimdienst gespielt hat. Das kennen Sie aus den Nachrichten. Sicher ist aber bereits, dass die Lüge in den USA eine, manche sagen, die entscheidende Rolle dabei gespielt hat, dass seit kurzem einem Mann ohne jede militärische oder politische Erfahrung, ein nach vielen Beschreibungen wütender, zorniger, schwer berechenbarer Mensch, nun Tag und Nacht ein Koffer hinterhergetragen wird, mit dem er einen nuklearen Krieg auslösen kann. Die Nummer 1 unserer westlichen Welt ist jetzt ein Mann, der damit prahlte, dass man Frauen zwischen die Beine greifen könne, wenn man nur berühmt genug sei. Jemand, den die Amerikaner vorher eigentlich nur aus dem Fernsehen kannten, aus einer Reality-Show. Es ist, als würde jemand aus dem Dschungelcamp direkt ins Kanzleramt wechseln. Donald Trump ist eine amerikanische Tragödie. Für die nächsten vier Jahre. Wenn wir Pech haben werden es acht. Trump war es übrigens, der viele dieser erfundenen und verleumderischen Geschichten selbst verbreitete. Unterstützt von einem Mediensystem, das entweder aus ideologischen Gründen solche Lügen noch selbst befeuerte. Oder selbst den groteskesten Behauptungen noch viel Sendezeit einräumte, weil es ja die Einschaltquoten nach oben trieb. Wie sagte doch Leslie Moonves, der Chef des Fernsehsenders CBS: »Trump mag schlecht für Amerika sein. Aber er ist verdammt gut für CBS. Mach weiter Donald, das wird ein gutes Jahr für uns«.

Wir reden also heute Abend über Verunsicherung, über die Frage, ob gerade unsere Demokratie unter die Räder kommt. Wir ringen noch nach Worten um zu beschreiben, was da passiert: Wir nennen es ›post-faktisches Zeitalter‹ und sprechen von ›Fake News‹. Es beschreibt einen Prozess, in dem nicht mehr Wahr oder Unwahr die entscheidende Rolle in unserer Gesellschaft spielt, sondern ersetzt wird durch ein ›Gefällt mir‹. Das von der Disruption, ausgelöst vor allem durch das Internet, auch Wahrheit und Klarheit betroffen sind. Ein Paradox, denn diese revolutionäre Technologie schafft nicht nur ungeahnte und in der Menschheitsgeschichte unbekannte Möglichkeiten zur Information und Verifikation. Sie ermöglicht auch eine ganz andere Reise, auf der Menschen nur noch Bestätigung für das suchen, was sie glauben wollen. Man weiß mehr denn je über die Welt. Und zieht sich doch in die eigene zurück. Und dass eben diese Technologie es erlaubt, neben dem Zugang zu all dem Großartigem, Erhabenem und Wichtigem, was Menschen mitzuteilen haben, nun auch die Fluttore geöffnet hat für Verleumdungen, Lügen, Halbwahrheiten. Und dass an eben diesem Müll besonders gut verdient wird.

Eine Welt also, in der heute jeder alles verbreiten kann und die Lüge mit der gleichen Geschwindigkeit unterwegs ist, wie sorgsam Recherchiertes. Über eine Zeit, in der viele Menschen dies vielleicht auch gar nicht so schlimm finden mögen, weil man den Medien doch sowieso nicht trauen kann.

Die ersten Ergebnisse dieses Stresstests für die Demokratie kann man bereits besichtigen, nicht nur in den USA. Die Bürger des Vereinigten Königreichs haben sich entschieden, dass sie in Zukunft nicht nur geografisch auf einer Insel leben wollen. Die Argumente, die sie hierzu bewogen haben, waren nicht alle schlecht. Aber manche waren frei erfunden. So wie die Behauptung, dass die EU-Mitgliedschaft Großbritannien in der Woche netto 395 Millionen Euro koste. Erfundenes ebnet auch den Weg von der Demokratie in die Autokratie. In der Türkei sind Meldungen populär, dass die CIA von dem gescheiterten Militärputsch wusste oder vielleicht auch dahinter steckte. Und die Lufthansa hinter früheren Protesten gegen den heutigen Staatschef Recep Erdoğan, um sich eine ungeliebte Konkurrenz durch die aufstrebende Staatslinie Turkish Airlines vom Hals zu schaffen. Der geplante dritte Flughafen in Istanbul könne sich schließlich zu einer existentiellen Bedrohung für das Drehkreuz Frankfurt am Main erweisen.

Befördert wird dies übrigens auch durch manche Medien, für die Ideologie – und nicht mehr die Fakten – der Maßstab ihres Handels und ihrer Berichterstattung sind. Und deren suggestiver Kraft, dem hämmernden Ton der aggressiven Daueranklage, man sich nur schwer entziehen kann: Wie sagte doch Barack Obama über den rechtskonservativen Sender FOX NEWS, der eine besonders unrühmliche Rolle spielt: »Wenn ich das anschauen würde, würde ich mich auch nicht wählen«. Das war zwei Tage nachdem Hillary Clinton die Wahl verloren hatte. Und Barack Obama, der große Optimist, klang ziemlich geschockt. Linke Fernsehsender kopieren in den USA übrigens gerade dieses Modell – und wenden es gegen Trump an. Auch keine gute Idee.

Befördert wird all dies auch durch Politiker, die nicht mehr nur in äußerster Not zur Lüge greifen, das gab es immer. Der britische Außenminister Anthony Eden bog die Wahrheit während der Suez-Krise zurecht, Ronald Reagan, um die wahren Ausmaße der Iran-Contra-Affäre zu verbergen. Der heutige Kommissionspräsident Jean-Claude Juncker sagte es auf dem Höhepunkt der Euro-Krise einmal so: »Wenn es ernst wird, muss man lügen«. Das muss man nicht. Aber besorgniserregend ist, dass heute – wahrlich nicht von allen, aber von manchen – Politikern schamlos gelogen wird, ständig und das auch noch folgenlos. Nicht der Rücktritt ist die Konsequenz. Sondern der Aufstieg in höchste Staatsämter. Oder, um es in den Worten des Wahl-Amerikaners Karl-Theodor zu Guttenberg zu sagen: »Was war das noch für eine Zeit, als man wegen Abschreibens noch aus dem Amt gejagt wurde«.

Was uns verloren zu gehen droht, ist, was wir für jede unserer politischen, wirtschaftlichen und sozialen Debatten benötigen: Dass wir uns auf Fakten einigen können, darauf, was wahr oder unwahr ist, und erst dann darüber streiten, welche Schlüsse aus all dem zu ziehen sind. Denn Fakten sind der Fels, auf dem unsere Entscheidungen gründen. Demokratien funktionieren nur, wenn sie auf einem gewissen Niveau arbeiten. Daran hat Barack Obama uns gerade noch einmal bei seinem jüngsten Deutschlandbesuch erinnert. Es war in Baden-Baden, hier in Baden-Württemberg. Verlässliche Informationen versetzen uns in die Lage, die richtigen Entscheidungen zu treffen, wen wir wählen, was uns besorgt, was wir getrost ignorieren können, wofür wir uns engagieren. Sie erlauben uns nach dem Streit die Einigung, den Kompromiss. Sie bilden den Dreiklang einer jeden guten Diskussion: Wissen, Denken, Meinen. In dieser Reihenfolge. Nur sie erlauben uns die schönsten Momente einer jeden Diskussion: Sich auch einmal vom Gegenteil überzeugen zu lassen, bezwungen von der Kraft des besseren Arguments. Skepsis ist eine gute Eigenschaft, auch die Dinge in Frage zu stellen und misstrauisch zu sein. Aber auch offen und wissbegierig zu sein. Das unterscheidet die Demokratie vom Schützengraben. Verlässliche Informationen sind nicht weniger notwendig als der Zugang zu einem Krankenhaus, einer guten Schule oder sauberem Wasser. Sie sind ein Grundrecht. Als Journalist spreche ich heute Abend zu Ihnen auch als ein Vertreter meines Berufsstandes. Er spielt, so wie die Schulen, die Wissenschaft, die Justiz, eine wichtige Rolle dabei, den Konsens zu ermöglichen. Nicht alle glauben dies noch. Manche halten den Journalismus inzwischen für überflüssig. Ich behaupte, das Gegenteil trifft zu: Stellen wir uns also für einen Moment vor, es gäbe gar keinen Journalismus. Dann müsste man ihn in und für diese Zeiten erfinden. Aber dazu später.

Wir haben keine amerikanischen Verhältnisse, aber die Zukunft reist häufig von West nach Ost. Was also haben wir zu erwarten, wessen müssen wir uns erwehren? Besitzen wir noch einen ausreichenden Vorrat der wichtigsten Ressource, die existiert? Der Vernunft. Die es uns ermöglicht, zu erkennen, dass manches was uns heute so sehr besorgt doch alte Phänomene sind, wenn auch unter neuen technologischen Bedingungen. Dass nun, und ich füge hinzu: ›Endlich!‹, die Facebooks, Apples, Alphabet, die fünf Giganten des Netzes, die wertvollsten Konzerne der Welt, beginnen, sich nicht mehr zuallererst für Börsenkurse und Milliardengewinne zu interessieren. Sondern ihre Verantwortung nicht länger zu leugnen. Dass bei aller Kritik an der Politik bei uns hierzulande sie doch viel zu gut ist, um sie gegen einen Trump einzutauschen. Oder gegen einen Höcke. Dass wir also beginnen zu verteidigen, was uns alles in allem in den vergangenen Jahrzehnten ganz gut gedient hat. Sie merken schon: Ich habe mich für die zuversichtliche Variante entschieden. Nicht weil ich behaupten will, dass Journalisten immer Optimisten seien. Das wären Fake News. Wir Journalisten berauschen uns ja bisweilen an Untergangs-Phantasien. Als ehemaliger Chefredakteur des *Spiegel* weiß ich, wovon ich rede. Aber ich war an so vielen falschen Prognosen und Voraussagen beteiligt, dass ich mich nun für einen milden Optimismus entschieden habe. Wir werden aber schon etwas dafür tun müssen, dass es nicht noch schlimmer kommt. Deshalb sollten wir heute Abend auch darüber sprechen, was Politik und die Unternehmen im sogenannten ›Silicon Valley‹, aber auch Sie alle hier dafür tun können. Und nicht zu vergessen der Berufsstand, für den ich hier heute stellvertretend stehe: die Journalisten.

Aber lassen Sie uns doch vorher einen genaueren Blick darauf werfen, womit wir es zu tun haben. Fake News haben ja eine lange Geschichte, seit der Mensch kommuniziert, verbreitet er auch Falsches, meist um damit ein Ziel zu erreichen. Manche von ihnen haben Kriege ausgelöst. Andere sollten die Geschichtsschreibung verändern: 1274 vor Christus scheiterte der ägyptische Pharao Ramses daran, eine Stadt der Hetiter zu erobern. Zurück in Ägypten lässt er einen Sieg verkünden und in Stein meißeln. Vielleicht die ältesten überlieferten Fake News. Manche Fakes sind auch einfach nur harmlos, unterhaltsam. Mark Twain veröffentlichte 1862 die Zeitungsgeschichte eines versteinerten Mannes, und obwohl die Illustration der vermeintlichen Mumie mit beiden Händen eine lange Nase drehte, wurde sie gedruckt. Oder die in diesem April verbreitete Geschichte, dass in einer Fertilitäts-Klinik in

Jackson, Mississippi, erst durch einen DNA-Test herausgekommen sei, dass ein Paar, das dort erschien und Samen für die Befruchtung abgab, tatsächlich Bruder und Schwester war. Zwillinge sogar, die aber angeblich davon nichts wussten. Sogar RADIO VATIKAN griff in diesem Mai die Geschichte der angeblichen CDU-Vorsitzenden Brigitte Ebersbach aus Schwenke auf, eine überzeugte Christin, Mutter, die die Kanzlerin wortmächtig aufforderte, endlich Waffenexporte einzuschränken. Die letzten beiden Beispiele sind eine Klatsche für den Journalismus. Die Quelle für die Geschichte von Bruder und Schwester war der *Mississippi Herald*. Aber es gibt gar keine Zeitung dieses Namens. In Schwenke gibt es auch keine CDU-Ortsvorsitzende namens Ebersbach. Frau Ebersbach heißt Anette Struck, wohnt in Dortmund, ist dort am Schauspielhaus und unterstützt das Peng! Kollektiv, das sogenannte ›Medien-Events‹ inszeniert. Die Quellen wurden nicht überprüft. Das ist ein Armutszeugnis. Es ist ziemlich leicht, uns in die Irre zu führen. Das gehört zu den Fehlern, die Journalisten nicht passieren dürfen. Aber dazu später.

Es gibt aber auch sehr gefährliche Fake News. Solche, die Falsches über den wissenschaftlichen Stand der Klima-Forschung verbreiten etwa und nun die Grundlage dafür geschaffen haben, dass Donald Trump Amerikas Rückzug aus dem weltweiten Klimaschutz-Abkommen verkündet hat. Er hielt die Erderwärmung schon früher für eine Erfindung der Chinesen. Darauf haben viele in der republikanischen Partei schon in den 1990er-Jahren begonnen hinzuarbeiten. Sie wussten: Wenn die Amerikaner von den wissenschaftlichen Begründungen überzeugt sind, stimmen sie auch einem Abkommen zu.

Ähnlich gefährlich sind vermeintlich seriöse Bücher, die vor der Gefahr durch frühkindliche Impfungen warnen, was wiederum Eltern dazu bringt, ihre Kinder nicht impfen zu lassen. Solche Nachrichten kommen auffallend oft aus der rechten Ecke, sie sind Teil einer Bewegung, die das Etablierte zu diskreditieren versucht. Liegen alte Gewissheiten in Trümmern, lässt sich darauf ein Lügengebäude errichten. In hoher Dosis können solche ›alternativen Fakten‹ zum Ermüdungsbruch der Demokratie führen. Warum soll man überhaupt wählen gehen oder sich engagieren, wenn man als Bürger doch in einem verbrecherischen System lebt, das einen beständig belügt und betrügt.

Ein enger Verwandter der Fake News ist die Verschwörungstheorie. Die hat auch hier bei uns zuhause bisweilen ziemlichen Zulauf: Nach dem 11. September stürmten Bücher die Bestseller-Liste, in denen nahegelegt wurde, dass die beiden Türme des World Trade Centers von innen heraus gesprengt wurden, 3000-facher Mord an der eigenen Bevölkerung, ein Komplott um endlich Kriege in aller Welt zu rechtfertigen. Zeitweilig glaubte laut Umfragen ein Fünftel aller Deutschen daran. Anti-Amerikanismus geht immer. Ich habe mich geschämt. Die Terroristen, die in den Cockpits der Maschinen saßen, kamen aus meiner Heimatstadt Hamburg.

Von der harmlosen Spinnerei zur Gewalt ist es heute manchmal nur noch ein kurze Reise: Im Dezember des vergangenen Jahres stürmte der 28-jährige Edgar M. Welch aus North Carolina die Pizzeria Comet Ping Pong in Washington. Bewaffnet war der zweifache Familienvater mit einem halbautomatischen Gewehr des Typs AR-15. Eine schreckliche Waffe. Welch hatte im Radio davon gehört, dass Hillary Clinton tief in die Machenschaften eines Kinderporno-Rings verwickelt sei, der sein Hauptquartier in der Pizzeria habe. Wie hatte es solcher Unsinn ins Radio geschafft? Vielleicht auch, weil sogar der spätere Sicherheitsberater die Verschwörungstheorie via Twitter empfohlen hatte. Dass heute Twitter, Empörungs-Medium Nummer 1, die diplomatische Note ersetzt, macht die Sache auch nicht besser. Kurz vor Weihnachten machte eine Meldung die Runde, dass der ehemalige Verteidigungsminister Moshe Yaalon gedroht habe, Pakistan mit Nuklearwaffen zu zerstören, wenn das islamische Land mit

Bodentruppen in den syrischen Bürgerkrieg eingreife. Der pakistanische Verteidigungsminister Khawaja Asif konnte die Daumen nicht vom Handy lassen: Auch Pakistan sei Nuklearmacht. Die Meldung aus Israel war frei erfunden.

Für solche Fälle sollten wir uns die inzwischen inflationär gebrauchte Formulierung der ›Fake News‹ aufsparen. Es ist die gezielte Verbreitung unzutreffender Informationen, sie muss nicht nur objektiv falsch sein, ihr Absender muss dies auch wissen. Eine bewusste Lüge also. Irrtümer, falsche Einschätzungen oder Fehler gehören nicht dazu. Gebrauchen wir die Formulierung nicht sparsam und trennscharf, wird die Debatte über den Umgang mit diesem Phänomen erschwert, wenn nicht gar unmöglich. Wir alle wissen, dass die Hürde hoch ist, jemanden einen Lügner zu nennen. Fake News können völlig erfunden sein oder durch Auslassungen und Verkürzungen einen bewusst falschen Eindruck erwecken. Da gibt es eine Schnittmenge zu dem, was man heute so gern verharmlosend einen ›Spin‹ nennt.

Mich erinnert die Fake News-Diskussion an meine frühen Berufsjahre. Ich berichtete für das gerade gegründete *Spiegel-TV* aus der untergehenden DDR. Schließlich stürmten die Ostdeutschen die Stasi-Zentrale, eine Nacht, die ich nicht vergessen werde. Zu Ende ging mit der Besetzung durch die Bürger auch die Arbeit einer ganzen Abteilung für Fake News. Sie war sogar das Lieblingskind des langjährigen Chefs der DDR-Spionage, Markus Wolf. Die 1966 auf Geheiß des sowjetischen KGB gegründete Abteilung war höchst erfolgreich. Sie fälschte interne Papiere, um parteiinterne Spannungen bei SPD und CDU zu verschärfen, sie verfasste angeblich von Nazis stammende Pamphlete, um die bei uns lebenden Gastarbeiter in Angst zu versetzen. Sie brachte einen Brief in Umlauf, der angeblich von Uwe Barschel stammte und in dem behauptet wurde, dass der Landesvorstand der CDU von den schmutzigen Tricks wusste. Die Sache schaffte es ins Fernsehen. Der *Stern* veröffentlichte 1974 ein angeblich von einem US-Geheimdienst abgehörtes Telefonat zwischen Helmut Kohl und dem damaligen Generalsekretär Kurt Biedenkopf. Das Telefonat war echt, aber die Stasi hatte es abgehört und dann einfach auf ein Formular der Amerikaner übertragen. Die Geschichte schlug hohe Wellen. Schließlich dachten wir damals noch, dass es so etwas unter Freunden nicht gibt. Fake News hießen damals ›Desinformation‹. Und tatsächlich sind sie enge Verwandte. Lange bevor wir alle hier begonnen haben, uns mit diesem Phänomen zu beschäftigen, haben Militärs und Geheimdienste erkannt, dass manchmal die Frage, welche Geschichte gewinnt nicht weniger wichtig ist als die Frage, welche Armee auf dem Schlachtfeld gewinnt. In diesem Krieg der Worte wurden Techniken und Konzepte entwickelt, die wir heute an vielen Stellen wiederfinden. Nur war die Verbreitung von Lügen und Halbwahrheiten in Zeiten der deutschen Teilung noch eine mühsame Angelegenheit: Die Offiziere der Abteilung Desinformation zogen sich Gummihandschuhe an, damit auf den Briefumschlägen keine Fingerabdrücke zu finden waren und befeuchteten die Briefmarken mit Wasser aus dem Blumentopf. Das westdeutsche Bundeskriminalamt nahm bei Verdachtsfällen Speichelproben. Wichtigste Voraussetzung um aber die Geschichten unter die Leute zu bringen war, diejenigen zu täuschen, die als Gatekeeper dienten, die entschieden, was überhaupt öffentlich wird: die Journalisten. An ihnen vorbei war Kommunikation kaum möglich. Der Gründungsherausgeber der *Frankfurter Allgemeinen Zeitung*, Paul Sethe, hat es in seinem berühmt gewordenen Bonmot einmal so gesagt: »Pressefreiheit ist die Freiheit von 200 reichen Leuten, ihre Meinung zu verbreiten«. Er meinte damit die Verleger, für die Journalisten arbeiten. Der Befund war schon 1965 nicht ganz richtig. Heute ist er völlig falsch. Denn die Verbreitung von Informationen, die einmal an hohe technische Investitionen gebunden war – eine Druckmaschine, ein Hörfunk- oder Fernsehstudio – ist heute ein Jedermann-Recht. Sie brauchen nur ein Smartphone. Und nicht einmal ein teures. Das Internet ist nicht weniger eine Revolution als es Gutenbergs bewegliche Lettern waren. Die technologische Ermöglichung eines Ideals von der schon die französischen Revolutionäre träumten, als sie in Artikel 11 niederschrieben: »Die freie Äußerung von Gedanken und Meinungen ist eines der kostbarsten Menschenrechte«. So steht es heute in demokratischen Verfassungen in aller Welt. Das Internet schafft die denkbar besten Zeiten für die Meinungsfreiheit. Manchmal machtvoll genug, um Diktaturen in die Knie zu zwingen. Aber wir verstehen in diesen Zeiten auch, dass nur zu wahr ist, was der große Historiker Timothy Garton Ash sagt: Dass das Internet eben auch die größte Kloake der Menschheitsgeschichte ist. Dass es großen und gefährlichen Lügen den Zutritt auf die Bühne der Welt eröffnet, mit bisher unbekannten Verbreitungs- und Vervielfältigungsmethoden für Propaganda und Manipulation, die sich etwa die Stasi-Offiziere mit ihren Gummihandschuhen nie hätten träumen lassen. Und Menschen, die früher nur ihre Nachbarn anschreien konnten, jetzt eben diesen Unrat ins Netz schmieren. In dieser technologischen Revolution gilt also, was in revolutionären Zeiten gemeinhin wenig Bedeutung hat: Man muss das Bestehende schützen. Die Integrität des demokratischen Prozesses, einen zivilen Ton, eine Bereitschaft zum Zuhören und zur Mäßigung und den Grundsatz, dass ein jeder immer und unbedingt ein Recht auf seine eigene Meinung hat. Aber nicht auf seine eigenen Fakten. Und dass es Grenzen gibt, denn die Meinungsfreiheit ist, so wie jedes andere Recht auch, nicht schrankenlos.

Aus dem Ideal derjenigen, die die Bastille stürmten, wurde der Internationale Pakt über bürgerliche und politische Rechte. Aber in ihm heißt es auch: »Die Ausübung der genannten Rechte kann [...] bestimmten gesetzlich vorgesehenen Einschränkungen unterworfen werden, die erforderlich sind für die Achtung der Rechte oder des Rufs anderer, für den Schutz der nationalen Sicherheit, der öffentlichen Ordnung, der Volksgesundheit oder der öffentlichen Sittlichkeit«.

Und in Artikel 20 heißt es ergänzend: »Jede Kriegspropaganda und jedes Eintreten für nationalen, rassischen oder religiösen Hass, durch das zu Diskriminierung, Feindseligkeit oder Gewalt aufgestachelt wird, wird durch Gesetz verboten«. Was für kluge Regeln. Sie entstanden in ihren Grundzügen übrigens direkt nach dem Zweiten Weltkrieg, nach einem verheerenden Weltenbrand, als die Nationen in einem kollektiven Moment des ›Nie wieder‹ Regeln für das zivilisierte Miteinander formulierten. Sie lesen sich heute erstaunlich modern. Wie erreichen wir also, dass sie auch befolgt werden?

Beginnen wir mit der Politik. Vor einiger Zeit machten Meldungen die Runde, dass die Bundesregierung plane, ein ›Fake News Abwehrzentrum‹ einzurichten. Die Meldungen waren falsch. Ein Wahrheitsministerium werden wir nicht bekommen. Aber in Berlin sorgt man sich sehr, vor allem, dass die Wahlen im September von außen manipuliert werden könnten. Deshalb lernt der Staat, sich zu wehren. Die Polizei etwa macht es inzwischen sehr gut. Nach einer auf Facebook populären Geschichte über die angebliche brutale Vergewaltigung einer Siebzehnjährigen durch einen Asylbewerber in Mühldorf am Inn – was die Polizei verschweige – konterte die Polizei in Oberbayern Süd diese mit einem breiten roten Banner mit der Aufschrift Falschmeldung. Darunter stand: »Bitte teilen. Helft mit im Kampf gegen HOAX.« Nicht weniger schnell würden heute die Parteien oder die Regierung auf ›Falschmeldungen‹ reagieren. »Haben Sie keine Sorgen, dass am Wahltag irgendwelche Falschmeldungen die Wahlen beeinflussen?«, wurde dieser Tage der Bundeswahlleiter Dieter Sarreither gefragt. Ja, das sei eine ›der neuen Gefahrenlagen‹, antwortete der. Man werde dann sofort an die Öffentlichkeit gehen, stellt der Bundeswahlleiter klar. Und für – wie er sagte – »ganz extreme Szenarien« stehe man mit dem Bundesamt für Bevölkerungsschutz und Katastrophenhilfe in Verbindung. Die verfügten über ein eigenes Warnsystem mit dem man sofort die Menschen erreichen könne.

Im Bundestag wird gerade ein Gesetz diskutiert, es soll, weltweit einmalig, die Internetkonzerne verpflichten, Beleidigungen, Verleumdungen, strafbare Inhalte also, zu löschen. Der Gedanke ist gut, aber das Gesetz ist schlecht gemacht. Konsequenz zu zeigen war überfällig, viel zu lange wurde akzeptiert, dass die Internetkonzerne sich ihrer Verantwortung entzogen haben. Ihre Standards verbieten vieles von dem, was sich auf ihren Plattformen findet. Aber sie haben sehr wenig und manchmal gar nichts dafür getan, dass dieser Müll verschwindet. Viele Staatsanwaltschaften haben übelste Beschimpfungen nicht verfolgen wollen. Manche dagegen ziehen bei Mehrfachtätern inzwischen die Rechner dauerhaft ein, so wie bei Rasern den Führerschein. Dass der Staat Grenzen aufzeigt, ist richtig, auch dass er die Internetkonzerne endlich dazu bringt, sich ihrer Verantwortung bewusst zu werden. Aber Sanktionen und Zwangsmittel darf der Staat nur sehr sparsam einsetzen. Sonst wird nicht nur der Unrat beseitigt, sondern auch die Meinungsfreiheit gerät in Gefahr. Umfassende gesetzliche Verpflichtungen zum Löschen würden viele Staaten nur zu gern durchsetzen – vor allem jene, die weder eine Demokratie sind, noch je eine werden wollen. Es gibt viele unterschiedliche staatliche Interessen, aber nur ein Internet. Das macht die Gratwanderung in diesem Bereich so schwierig. Aber gut, dass wir endlich solche Diskussionen führen.

Ins Pflichtenheft des Staates gehören auch Regeln für die Cyberwelt. Wir alle sorgen uns ja inzwischen davor, dass fremde Staaten mit gehacktem Material oder Lügengeschichten Wahlen beeinflussen. Das hat übrigens eine lange Tradition, der sowjetische KGB und die amerikanische CIA waren Meister darin. Es galt nicht als geächtet, Spionage kennt kaum Regeln. So ist es übrigens heute, wenn es darum geht, die Munition für solche Kampagnen zu beschaffen: Hacken gilt den meisten Geheimdiensten, darunter dem deutschen Bundesnachrichtendienst, als zulässige Methode. Viele Experten sagen nun: Wenn aber gehacktes

Material und der Versuch einer Wahlbeeinflussung zusammenkämen, dann sei dies unzulässig. Aber wo steht das? Wir lernen in diesen Zeiten, dass die kritischste Infrastruktur, die wir in der Cyberwelt verteidigen müssen, nicht das Stromnetz ist oder die Wasserversorgung. Es ist die Demokratie selbst. Die trübe Brühe aus der Welt der Spionage schwappt über, die Regierungen reagieren wie während der NSA-Abhöraffäre: Sie fordern öffentlich, dass so etwas verboten gehört. Aber sie wollen es sich selbst nicht verbieten lassen. Das wird nicht reichen. Es braucht eine Art ›Nichtangriffs-Pakt‹, das Versprechen, die neuen Möglichkeiten nicht für jede nun mögliche Attacke zu nutzen. Cyber wird heute von den Militärs als eine neue Form der Kriegsführung definiert, bei der Bundeswehr ist das Cyber-Kommando sogar eine eigene Teilstreitkraft. Nun braucht es nicht immer weitere Möglichkeiten zur Attacke, sondern etwas, was uns in den vergangenen Jahrzehnten Frieden und Stabilität in dieser Welt gesichert hat: Abrüstungsverhandlungen.

Und damit zu den Unternehmen. Sie gefallen sich in der Vision, eine neue Welt zu schaffen, Visionäre. Mark Zuckerberg, der in einem Zimmer auf dem Harvard-Campus Facebook erfand, ist einer von ihnen. Ein Unternehmen, das heute 1,94 Milliarden Nutzer monatlich zusammenbringt, kein Staat der Erde hat so viele Einwohner. Was für eine Macht. Inzwischen wird darüber spekuliert, ob Zuckerberg vielleicht einmal Präsident der Vereinigten Staaten von Amerika werden will. Und die meist gestellte Frage lautet: Wird er dann mehr Macht haben? Oder weniger?

Viele im Silicon Valley empfinden sich als Revolutionäre. ›Move fast and break things‹ ist ihr Motto. Beweg dich schnell und zerstöre das Bestehende. Ich fürchte nur, die Zuckerbergs dieser Welt haben nicht erkannt, dass sie eine Verantwortung für das Neue schaffen, das sie da errichten. Facebook arbeitete sogar an einer personalisierten Zeitung. Stellen wir uns das doch einmal vor: Sie lesen nur noch, wofür Sie sich ausweislich Ihrer digitalen Spur im

Netz interessieren, Sie bekommen eine Bestätigung für das, was Sie sowieso schon glauben. Sie werden nie mehr in Ihrem Denken herausgefordert, in Frage gestellt, vom Gegenteil überzeugt. Ein Geschäftsmodell für die Filterblase. Es hat übrigens frühe Warnungen vor eben diesem Weg gegeben, 2001, da war das Internet noch jung, kamen sie etwa von dem amerikanischen Verfassungsrechtler Cass Sunstein. Was wäre das für eine Welt, fragte der Verfassungsrechtler, in der Tausende, vielleicht einmal Millionen Menschen zumeist nur noch dem Echo ihrer eigenen Stimmen lauschen? Es war die neuzeitliche Interpretation einer Erkenntnis, die der britische Philosoph John Stuart Mill schon im 19. Jahrhundert zu Papier brachte: »Solange die Menschen genötigt sind, beide Seiten anzuhören ist immer noch Hoffnung vorhanden; erst dann, wenn nur die eine Seite Beachtung findet, geschieht es, dass der Irrtum zum Vorurteil erstarrt«.

Die großen Technologiefirmen sind nun mitten in einer großen Debatte um ihre Verantwortung. Ein New Yorker Autor hat unlängst die Situation von Facebook, Google und Twitter mit der Zigaretten-Industrie in den 1980er-Jahren verglichen: Sie wüssten, dass ihr Produkt schädlich sei. Aber sie würden es vertuschen. Ich würde sagen: Wir sehen nun die Risiken und Nebenwirkungen. Gerade bekannte der Twitter-Mitbegründer Evan Williams: »Ich dachte, sobald sich jeder frei äußern und Ideen austauschen konnte, führt das zu einer besseren Welt. Ich lag falsch damit«. Es gibt einen Grund, warum heute in Kalifornien nicht mehr hartnäckig geleugnet wird: Viele der Angestellten im Silicon Valley sind entsetzt über die Wahl Trumps. Sie fühlen sich als Komplizen wider Willen. Ihre Technologie belohnt auch den Irrsinn. Es gibt einen Ort, an dem man das besichtigen konnte, er heißt Veles, liegt in Mazedonien und ist als ›Stadt der Lügner‹ bekannt geworden. Hier in Veles waren vor der amerikanischen Präsidentschaftswahl zeitweilig 140 Webseiten registriert, die Fake News verbreiteten. Die meisten wiederholten, was in den USA über Hillary Clinton verbreitet wurde: Sie sei ein Mann, sie habe einen Hirnschaden, sie wolle Julian Assange, den Gründer von WikiLeaks, ermorden lassen. Sie verbreiteten diese Nachrichten, weil sie sich besonders gut klickten, weil sie von Facebook Geld für jeden Klick bekamen und von Google noch etwas oben drauf, weil sich Werbung nun einmal besonders gut dort platzieren lässt, wo viele Menschen unterwegs sind. Trump war kein so gutes Geschäftsmodell. So traf es Clinton. Manche verdienten damit ein paar hundert Euro im Monat. Andere sollen ziemlich reich geworden sein.

Was oft geklickt wird, rutscht in den Rankings nach oben. Dann lesen es noch mehr Menschen. Unternehmen wie Facebook wiederholen, was unser Publikum oft uns Journalisten vorwirft: Dass wir entscheiden, was sie hören, lesen, was sie zu sehen bekommen. Das ist wahr. Jetzt sind es keine Journalisten mehr. Sondern Algorithmen, Formeln, die obendrein sorgsam geheim gehalten werden. Ich glaube nicht, dass Fragen der Abwägung, der Gewichtung, der Ethik in den Händen einer Software besser aufgehoben sind als in denen von Menschen. Jetzt verändern sich, endlich, die Dinge. Google hat seine Autocomplete-Funktion verändert, Sie kennen das, Sie geben einen Begriff ein und Google schlägt Ihnen einen erweiterten Suchbegriff vor. Beim Begriff ›Frauen‹ war dies bis vor einiger Zeit die Ergänzung: ›Böse‹. Bei der Kanzlerin: ›Polin, Schwanger, Verheiratet‹. Facebook sagt, man müsse nun leider einräumen, dass die Plattform auch ›bösartigen Akteuren‹ eine Plattform biete, mit der Möglichkeit, mit geheimdienstlichen Methoden Wahlen zu beeinflussen oder die öffentliche Meinung zu manipulieren. Hoffen wir, dass diese Einsicht anhält. Und noch zunimmt.

Und damit zu Ihnen. Warum gibt es so viele Fake News? Es hat jedenfalls auch mit Angebot und Nachfrage zu tun. Siehe Mazedonien. Überlegen Sie sich, ob Sie auf Ihre örtliche Tageszeitung verzichten wollen. Auch wenn Sie sich manchmal ärgern sollten: Für verlässliche Information gibt es keinen Ersatz. Geiz ist nicht geil.

Eine gute Zeitung kaufen Sie nicht – jedenfalls nicht nur – um Neuigkeiten zu erfahren. Sie kaufen Urteilsvermögen. Das gilt auch für die Bereitschaft, ob Sie im Internet bereit sind, Geld für Informationen zu zahlen. Im Netz zahlen Sie ja vermeintlich nicht, tatsächlich zahlen Sie mit ihren Daten, die Sie hinterlassen. Sie sind gar nicht der Kunde. Sie sind das Produkt, das verkauft wird. Ich bin in dieser Frage, zugegeben, ein wenig dogmatisch: Als Chefredakteur des *Spiegel* habe ich versucht, durchzusetzen, dass Journalismus auch im Internet, bei Teilen von *Spiegel-Online* etwa, bezahlt werden muss. Online bietet phantastische Möglichkeiten für uns Journalisten. Aber die Ökonomie des Klicks verändert manchmal auch den Journalismus. Oft heißt die Frage heute nicht mehr zuerst: »Welchen Journalismus wollen und müssen wir machen?«, sondern: »Was klickt sich gut?« Verkaufen musste sich Journalismus schon immer, das Spannungsverhältnis zwischen Profitinteresse und Verantwortungsbewusstsein ist nicht neu. Aber für mich gilt bis heute der Satz von Rudolf Augstein: »Nur weil der *Spiegel* nicht zuvorderst ein Geschäft war, wurde er ein so gutes Geschäft«. Gerade habe ich ein Interview mit Jimmy Wales gelesen, er ist der Gründer von Wikipedia und hat nun ›WikiTribune‹ gegründet, um gegen Fake News zu kämpfen. Wales sagt: »Unsere Gesellschaft steckt in großen Schwierigkeiten, wenn alle Inhalte, die von Medien präsentiert werden, auf ClickBaiting basieren – und den Werbeeinnahmen, die man dadurch zu generieren erhofft«.

Übrigens geht heute, auch das gehört zu den neuen Zeiten, ein Teil der Verantwortung, die früher die Journalisten trugen, auf Sie alle über. Oft muss die Polizei heute bei Unfällen oder schrecklichen Unglücken daran erinnern, dass Menschen bitte ihre Smartphones in der Tasche lassen sollen, keine Bilder von Verletzten oder Toten, keine Gerüchte in die Welt setzen oder unbewiesene Behauptungen, die andere in Panik versetzen. Auch die Berichterstattung über den Terrorismus, ohnehin ein schwieriges Feld, beginnt sich zu verändern. Terroristen wollen Aufmerksamkeit, sie messen den Erfolg eines Anschlags nicht nur in Toten, sondern auch an der Größe der Zeitungsschlagzeilen und der Sendezeit im Fernsehen. Heute gibt es Bilder von Anschlägen, die es so früher meist nicht gab: Die fliehenden Konzertbesucher in Manchester, sogar der Knall der in einem Rucksack verborgenen Bombe ist zu hören. Sie werden sofort in die sozialen Netzwerke eingestellt und verbreiten sich rasant. Medien nehmen sie auf und verbreiten sie ebenfalls weiter. Vielleicht wollten sie es nur mit ihren Freunden teilen: Aber nun sehen es Millionen.

Ein letzter Punkt: Markus Wolf, der Stasi-General, bekannte einmal vor seinem Tod, dass seine Desinformations-Truppe zwar sehr erfolgreich gearbeitet habe, aber geholfen habe das alles nichts. Die Fake News trafen auf eine stabile Gesellschaft und konnten letztlich nichts ausrichten. Ich befürchte, ganz so stabil ist die Gesellschaft heute nicht mehr. Manchmal wissen die Menschen ja ziemlich genau, dass ihnen etwas vorgemacht wird. Aber es stört sie auch nicht. Ein Trump-Wähler sagte einmal, er wisse natürlich, dass der Mann lüge. Aber die anderen Politiker täten es ja auch. Trump tue es wenigstens ganz offen, er lüge sozusagen aufrichtiger. Das nennt man vermutlich ›Politikverdrossenheit‹. Wut ist ja heute eine Weltmacht geworden. Gespeist von dem Gefühl der Menschen, dass Erfolg eine Party ist, zu der sie nicht eingeladen werden. Medienverdrossenheit ist eine Unterform davon.

Viele Menschen glauben, dass der Journalismus nicht mehr für sie da ist. Dass wir uns für die Probleme und Sichtweisen von Menschen, die nicht in Berlin oder Hamburg leben, nicht wirklich interessieren. Dass wir nicht über sie berichten. Und vor allem nicht für sie berichten. Dass wir Teil einer Elite seien. Und damit bin ich bei der Rolle von uns Journalisten. ›Wir Journalisten‹. Ich tue mich ziemlich schwer mit dieser Formulierung. Denn ›wir Journalisten‹ umfasst solche, die Fotos von toten Kindern nach einem Unfall oder einem Anschlag für ein Boulevardblatt besorgen. Oder für eine ganze Gattung von Blättern, für die der Begriff der ›Lügenpresse‹ leider nicht ganz falsch ist. Mindestens muss man sagen: Ihr Geschäft ist die Verbreitung von Fake News und viele große deutsche Verlage verdienen damit sehr viel Geld.

Sie finden diese an jedem Bahnhofskiosk und im Supermarkt. Sie berichten über Stars, Prominente, Königshäuser. Florian Silbereisen hat über diese Form der Berichterstattung einmal gesagt: »An Tankstellen oder Supermarktkassen wird mir manchmal schwindlig, wenn ich auf den Titelseiten sehe, welche Seelenqualen ich mal wieder durchlebt haben soll. Jede Woche erscheinen Dutzende Klatschblätter mit neuen Dramen über mich. Meist ist es Gott sei Dank aber so, dass meine Trennung in dem einen Blatt durch meine Hochzeit in dem anderen Blatt wieder aufgehoben wird«. Die Zeitschrift *Prima Freizeit* hatte gerade Helmut Kohl auf dem Titel. Überschrift: »Lebendig eingemauert. Alles über die schreckliche Tragödie«. Tatsächlich wurde rund um das Grundstück ein Sichtschutz errichtet. Auf dem Titel stand auch noch: »Es ist zum Weinen«. Das jedenfalls stimmt.

Und dann gibt es Journalisten, die für eine Berichterstattung aus einem Krisengebiet ihr Leben riskieren. Solche, die Fact-Checker beschäftigen, ein riesiger Aufwand, um zu verhindern, dass Fehler gemacht werden. Vor einiger Zeit druckte der *New Yorker* ein Stück über eine Sondereinheit in Mossul, ich habe diese Soldaten ebenfalls bei einem Besuch in der Stadt kennengelernt. Die Fakten-Checker riefen also die Soldaten auf ihren Handys an, die in dem Stück erwähnt wurden, um sich die in dem Manuskript verwendeten Zitate bestätigen zu lassen. Ihre Antwort: »Entschuldigung, wir sind mitten im Gefecht. Können Sie bitte später noch einmal anrufen?« So ähnlich ist es mit den Umfragen, ob man den ›Medien‹ traut. Eine Umfrage sagt, dass knapp die Hälfte der Deutschen die Aussage »Journalisten sind dumm wie Dachpappe« für akzeptabel hält. Aber was ist dann gemeint? *Das Goldene Blatt*? Die *Süddeutsche Zeitung*? RTL II? Oder der SWR?

Wir sind übrigens auch nicht die vierte Gewalt. Das wäre eine Anmaßung. Es gibt nur drei und der Journalismus hat eine beobachtende, wachende, kontrollierende Funktion dieser drei Gewalten. Er muss nichts oder niemanden befördern, er dient dem System selbst: der Demokratie. In diesem Zusammenhang ist das Wort von der ›Systempresse‹ sogar ein Kompliment. Es ist eine große Aufgabe, ein Privileg. Und wie jedes Privileg geht es mit besonderen Verpflichtungen einher. Die gern benutzte Formulierung, dass wir die Wahrheit berichten, mag ich nicht benutzen. Das ist ja ein großes Wort. Dafür habe ich viel zu oft erlebt, dass trotz akribischer Recherche sich Dinge manchmal als anders herausgestellt haben, als ich zunächst dachte. Es ist oft schon schwer genug, die Tatsachen zu ermitteln. Und anhand dieser Tatsachen, die jeweils beste verfügbare Form der Wahrheit anbieten zu können. Demut ist eine Grundvoraussetzung in meinem Beruf. Aber glauben uns die Menschen, dass wir so arbeiten? Wir sind von zwei Seiten unter Druck. Denen, die uns nicht trauen wollen, die uns Lügenpresse schimpfen, Kriecherpresse, Systemhuren. Das ist oft eine organisierte Bewegung, Hand in Hand mit Rechtsextremen oder Rechtspopulisten. Viele von denen werden wir vermutlich nicht mehr erreichen können. Sie glauben übrigens, dass der amerikanische Präsident, der die Medien »Feinde des amerikanischen Volkes« nennt, ihr mächtigster Verbündeter sei. Das halte ich für einen Irrtum. Trump hat eher eine narzisstische als eine politische Agenda. Ohne die Medien wäre er nie geworden, was er heute ist. Er will einfach wieder, dass sie nett über ihn berichten. Dann wären sie die Größten.

Der größere Teil unser Kritiker fragt sich nur zunehmend, ob wir die gleichen Maßstäbe an uns anlegen wie an alle anderen, ob wir sorgfältig arbeiten. Kurz: Ob wir das können, was wir dürfen. Ich würde also sagen, ein Teil der Kritik ist unverschämt. Der andere ist überfällig. Wir Journalisten waren ganz schön bequem. Wir haben uns lange mit der ökonomischen Bedrohung unseres

Gewerbes beschäftigt. Aber nicht mit der Bedrohung für unsere Glaubwürdigkeit. Gut, dass sich dies nun ändert. Denn wir beziehen unsere Legitimation ausschließlich aus dem Vertrauen unseres Publikums. Zu unseren Fehlern gehört die ungeheure Geschwindigkeit, unter die wir uns heute bei unserer Berichterstattung setzen. Ganz neu ist das Phänomen zugegeben nicht, das gab es schon vor dem Internet. Seine erste große Bewährung als Live-Medium erlebte das Radio beim Überfall auf Pearl Harbour. Weil zuverlässige Informationen fehlten, schwadronierten Journalisten darüber, dass es sicher die Deutschen gewesen seien, die Japaner seien zu einem solchen Präzisionsschlag gar nicht in der Lage. Ein Augenzeuge wollte dann auch noch das Hakenkreuz am Leitwerk eines der Bomber erkannt haben. Auch der nicht enden wollende Strom von Nachrichten ist so neu nicht. Rudolf Augstein klagte in seinem letzten Gespräch mit Konrad Adenauer: »Die Nachrichtenflut, der jeder Mensch heute ausgesetzt ist, kann er kaum verdauen«. Das war 1967.

Heute sind es hypernervöse Zeiten. Mit der Verunsicherung, dem Gefühl, dass in dieser Welt auch großes, selbstverständlich Geglaubtes, ins Rutschen gerät oder geraten kann, steigt der Geräuschpegel. In den sozialen Medien wird oft ein Journalismus belohnt, der zuspitzt, schrill urteilt. Nach dem Selbstmord eines mutmaßlichen Terroristen des sogenannten ›Islamischen Staates‹ im Oktober 2016 in der Haftanstalt in Leipzig schrieb ein Online-Portal: »Failed Freistaat«. Die gleichen Journalisten, die nicht voraussagen konnten, dass Trump Präsident wird, wussten am Tag danach genau, was von seiner Präsidentschaft zu erwarten ist. Wer glaubt das? Ich muss oft an den Satz von Kurt Tucholsky denken: »Nähme man den Zeitungen den Fettdruck weg, um wie viel stiller wäre es in der Welt«. Dabei stammt er aus analogen Zeiten. Journalismus muss ein Ort der Mäßigung sein, des zweiten Gedankens, der Schritt hält mit einer immer komplexeren Welt, in der die Argumente für etwas oft auch nicht schlechter sind als die

Argumente gegen etwas. Er muss die großen Fehlentwicklungen erspüren, was uns zu oft nicht gelingt. Der Euro ist nicht so stabil wie versprochen, die Liberalisierung der Finanzmärkte war ein Unglück. Und Saddam Hussein hatte keine Massenvernichtungswaffen. Journalismus darf vereinfachen. Das ist sogar eine wahre Kunst. Aber bei aller Vereinfachung darf die Substanz nicht verfälscht werden. Wie soll das gehen, wenn alles schon in dem Moment wo es geschieht, beschrieben, ausgedeutet, analysiert wird? Wir Journalisten müssen uns dieser Beschleunigung entziehen. In vielen Bereichen steht Beschleunigung für gesellschaftlichen Fortschritt. Die Beschleunigung des Urteils gehört nicht dazu. Das Wort ›Ich weiß es nicht‹ ist in diesen Zeiten eine Tugend.

Viele unserer Leser, Hörer, Zuschauer wollen gar nicht in eine Filterblase. Sie suchen nach einer eigenen Einschätzung und nehmen dabei gern unsere Hilfe an. Aber das ist nicht gleichbedeutend damit, dass sie die Dinge so sehen, wie wir Journalisten sie sehen. Manchmal möchten sie auch nur die Fakten hören. Wir täten gut daran, zwischen Nachricht und Kommentar wieder klarer zu trennen. Manchmal gehen ein Teil der Politik und ein Teil der Medien auch eine gefährliche Symbiose ein, ein Spektakel, in dem es nur noch darum geht, wer möglichst laut ist. Ihm oder ihr gehört dann die große Bühne. Die Leisen haben es dann schwer, selbst wenn sie etwas Kluges zu sagen haben. Wir Journalisten machen damit übrigens auch der Politik manchmal die Räume enger, als wir es sollten. Wir verlangen langfristiges Denken, vorausschauendes Handeln und Souveränität. Eine Politik, die auf die Belohnung durch das Geschichtsbuch setzt. Und nicht durch *Focus Online*. Manchmal braucht es dafür Zeit: Selbst die Gründerväter in den USA zogen die Gardinen zu, als sie die Verfassung zu Papier brachten. Die ständig nach Neuigkeiten fragenden Journalisten gingen ihnen auf die Nerven.

Mich macht es nachdenklich, wenn Politiker uns kritisieren: Joschka Fischer sagte einmal auf die Frage, ob er noch einmal in die Politik zurückkehren wolle: »Nein, ich habe mein Leben so geführt, dass ich den hohen moralischen Standards, die neuerdings an öffentliche Ämter durch die Medien angelegt werden, nicht mehr gerecht werde«. Und Bundestagspräsident Norbert Lammert, für mich eine Ausnahmeerscheinung im politischen Betrieb, begründet seine Weigerung ständig Interviews zu geben so: »Interviews dienen heute vorrangig der Produktion von Agentur-Meldungen. Und es gibt fast keine Chance mehr, etwas zu einem Thema zu sagen, ohne dass daraus wird: Lammert fordert, Lammert kritisiert, Lammert wirft vor, Lammert weist zurück. Ich will's nicht mehr«. Man werde »in einer gnadenlosen Weise vermarktet«. Joachim Gauck sagt in einem seiner letzten Interviews: »Engagierter, wahrhaftiger Journalismus muss natürlich kritisch sein. Aber wenn ich mir das Weltbild anschaue, das erzeugt wird, wenn dieser Journalismus nur das aufgreift, was nicht funktioniert, wenn er nur beklagt, nur verurteilt, dann fürchte ich schon, dass es zu einer Verzerrung von Wirklichkeit kommen könnte. Anders ausgedrückt: Offenbar finden es viele Medien nicht besonders attraktiv, auch mal das Gelingen in den Mittelpunkt ihrer Berichterstattung zu rücken«.

Und ein Gedanke noch: Dazu gehört auch, dass Journalisten ihre Fehler, die sie machen, einräumen und korrigieren. So steht es übrigens auch im Presse-Kodex, Ziffer 3, der stammt aus dem Jahr 1973. Ich würde gern sagen, dass wir aus Respekt vor Ihnen, unserem Publikum, mit dieser Verpflichtung gewissenhaft umgehen. Aber das stimmt nicht. Ich weiß es, weil ich einer dieser Journalisten bin, der sich eben dieser Verpflichtung die längste Zeit seines Berufslebens entzogen hat. Weil es ja auch niemand sonst tat. Für diese Inkonsequenz gibt es keine Entschuldigung. Aber wenn man seinen Irrtum nicht korrigiert, obwohl man es inzwischen besser weiß, dann wird aus einem Irrtum eine Lüge. Diese Aufrichtigkeit schulden wir unserem Publikum.

Manches hat sich gebessert, es gibt Spalten für Fehlerkorrekturen. Beim *Spiegel* habe ich eine solche als Chefredakteur eingeführt, späte und unzureichende Buße. Echte Fehlleistungen aber räumt kaum jemand ein. Bei Ihnen hier aus der Gegend, ursprünglich aus Freudenstadt, stammt ein 28-jähriger Russlanddeutscher, der im Verdacht steht, ein schreckliches Verbrechen begangen zu haben. Mordversuch an der Bundesligamannschaft von Borussia Dortmund. Neulich konnten Sie lesen, dass er unter Tränen ein Geständnis abgelegt habe. Davon ist kein Wort wahr. Haben Sie eine Berichtigung gelesen? Ich nicht. Seine Fehler zu korrigieren, herauszufinden, unter welchen Umständen sie gemacht wurden und wie man sie hätte verhindern können, das sind die Mittel, mit denen man künftige Fehler vermeidet. In vielen Branchen hat man dies gelernt und Routinen und Standards entwickelt: In der Luftfahrt etwa oder in der Chirurgie. In Bereichen des Lebens also, in denen es um Großes und Bedeutsames geht. Der Journalismus ist auch ein solcher Bereich. Ich glaube, es gibt ein großartiges Mittel um mit Fake News umzugehen: Es heißt Journalismus. Seine Bedeutung ist heute größer denn je. Er muss unabhängig sein, kritisch, vertrauenswürdig, produziert von Kolleginnen und Kollegen, die einen Sinn für Fairness haben, ein gutes Gespür für Ungerechtigkeit. Redlichkeit ist die wichtigste Voraussetzung für meinen Beruf. Menschen, denen ein Credo wichtiger ist als ihr Ego. Die wissen, dass sie mit ihrer Arbeit außerordentliches erreichen können. Und schreckliches anrichten, wenn sie Betroffenen Unrecht tun. Willy Brandt hat einmal gesagt, dass ein Journalismus, der harmlos ist, abdanken kann. Ich würde heute hinzufügen: Ein Journalismus, der vorschnell urteilt, kann es auch.

Dieser Abend hat in den USA begonnen und dort soll er nun auch enden. Sie alle verfolgen die Nachrichten: Ein Sonderermittler wurde eingesetzt, der sich mit Donald Trump beschäftigt, mit der Frage, welche Rolle Russland bei den Präsidentschaftswahlen gespielt hat und ob der amerikanische Präsident die Justiz behindert hat. Manche sehen schon einen Hauch von Watergate in der Luft. Wie wird die Geschichte ausgehen?

Zu Wort gemeldet hat sich dazu kein Journalist. Sondern der berühmteste Journalisten-Darsteller der Welt. Erinnern Sie den Film *All the President's Men*? *Die Unbestechlichen* hieß er hier. Die Geschichte von Watergate, dem Rücktritt eines amerikanischen Präsidenten, der log und von zwei hartnäckigen Reportern der *Washington Post*, die dies herausfanden. Gespielt wurden sie von Dustin Hoffman und Robert Redford. Der Film ist aus dem Jahr 1976, aber immer noch großartig. Auch wenn er investigativen Journalisten bis heute auch ziemliche Probleme bereitet. Ganze Generationen von Kolleginnen und Kollegen warten darauf, dass sie endlich einmal ein Informant ins Parkhaus bestellt, ein Deep Throat. Aber das aufregendste, was dort geschieht, ist ein defekter Kassenautomat. Noch verheerender ist, was all diejenigen erwarten, die sich an investigative Journalisten wenden. Dann klingelt es an ihrer Tür: Aber da steht niemand, der so aussieht wie Robert Redford. Dieser Robert Redford jedenfalls hat Zweifel zu Papier gebracht. Ob der heutige Journalismus noch die Kraft, die Energie, ja auch die Mittel dazu hätte, eine große, eine gefährliche Lüge aufzudecken, ihr nachzuspüren, auch wenn es wie bei Watergate lang und mühsam würde, wenn es wieder einmal 26 Monate lang dauern würde. Vielleicht wird dies für uns alle die größte Herausforderung, viel schwieriger als ein paar Fake News zu enttarnen. Der Wahrheit auch dann zum Durchbruch zu verhelfen, wenn es mühsam wird, lange dauert, wenn das Publikum beginnt sich zu langweilen. Wenn es um eine große, eine gefährliche Lüge geht. Vielleicht ist es dann besonders wichtig in diesen Zeiten, in denen wir nun alle miteinander leben. Es ist keine einfache Zeit. Aber es ist unsere Zeit.

Manchen Generationen ist viel abverlangt worden. Die meisten von uns hier heute Abend gehörten bisher zu einer Generation, der viel gegeben wurde. Mag sein, dass sich dies gerade ändert.

Wir alle hier sollten darauf vorbereitet sein. Der Satz meines großen britischen Kollegen Hugh Greene ist hierfür ein guter Kompass: »Segle so eng am Wind wie du kannst. Und mach' deine Sache gut«.

Optimismus ist eine besondere Form des Muts.

Miriam Meckel

Das Eliza-Problem.
Eine biografische Skizze zu Miriam Meckel —
Vorbemerkung der Herausgeber

Es lohnt sich, für einen Moment an eine kuriose Episode aus der Computergeschichte zu erinnern. Sie spielt 1965. In diesem Jahr stellt der Computerwissenschaftler Joseph Weizenbaum ein Computerprogramm mit Namen Eliza der wissenschaftlichen Öffentlichkeit vor, das einen Psychotherapeuten in der Schule von Carl Rogers simuliert. Man kann sich – scheinbar zumindest – mit diesem Computerprogramm unterhalten. Man tippt auf einer Schreibmaschine beispielsweise die folgenden Sätze: »Guten Tag, ich bin hier, weil meine Mutter dies so wollte«. Dann werden die Sätze an der Computer übermittelt, dann rattert es ein wenig – und dann kommt schon ein Antwort als Ausdruck aus der mit dem Rechner verbundenen Schreibmaschine, die Antwort der Psychotherapeuten-Simulators: »Erzählen Sie mir mehr von ihrer Mutter!« Oder auch: »Aha. Welche Bedeutung hat Ihre Mutter für Sie?« Oder wahlweise: »Tun Sie immer das, was Ihre Mutter möchte?« Und so geht es weiter. Es sind scheintherapeutische Dialoge, die hier präsentiert werden, Resultat einer vermeintlichen

Verständigung von Mensch und Maschine. Menschen vertrauen schließlich, wie Joseph Weizenbaum zu seinem Entsetzen bemerkt hat, der Maschine sehr viel an. Sie berichten Persönliches, Privates, Intimes – ganz so, als säße da tatsächlich ein Therapeut im Gehäuse des Computers und als könne das Programm wirklich verstehen, was einen im Innersten bewegt.

Heute ist Eliza ziemlich tot. Das ganze Programm ist Vergangenheit, ein kurioses Stück Technikgeschichte. Aber das Eliza-Problem – nämlich wie man das Verhältnis von Maschine und Mensch neu, anders und schärfer denken muss, um die eigene Autonomie zu erhalten – ist aktueller denn je. Wir reden heute ganz selbstverständlich mit unseren Smartphones. Wir sprechen mit Siri, dem Sprachverarbeitungsprogramm von Apple. Wir treten – mit jeder Benutzung von Facebook, Google und YouTube – mit Algorithmen in Kontakt, die unsere Vorlieben entschlüsseln, unsere Interessen, unsere Sehnsüchte. Und diese Algorithmen empfehlen uns dann, was uns interessieren könnte. Sie bieten uns an, was wir vielleicht kaufen wollen, bevor wir dies selbst ganz sicher wissen. Und sie zielen darauf ab (und zwar ohne jede therapeutische Absicht) uns durchschaubar machen, durchsichtig, transparent.

In dieser Situation einer ziemlich bequemen Unmündigkeit braucht es Menschen, die das Eliza-Problem auf eine neue Weise behandeln, orientiert an der aktuellen Medienwirklichkeit, in Kenntnis einer radikal veränderten technischen Umwelt, die allmählich mit unserer Innenwelt verschmilzt. Miriam Meckel hat sich in eigenen Büchern, Aufsätzen und Reden dieser Urfrage nach der Autonomie des Einzelnen gestellt und sie auf der Höhe der digitalen Zeit neu gefasst – eben in Kenntnis der real existierenden Medienpraxis. Sie war Fernsehjournalistin und nach einem Ruf an die Universität Münster 1999 die jüngste Professorin Deutschlands, Kommunikationswissenschaftlerin am dortigen Institut. Sie wechselte 2001 in die Politik, wurde

Regierungssprecherin von Wolfgang Clement in Nordrhein-Westfalen, dann Staatssekretärin für Europa, Internationales und Medien, schließlich – nach einer erneuten Rückkehr in die Wissenschaft – Professorin für Corporate Communication an der Universität von St. Gallen und Direktorin des Instituts für Medien- und Kommunikationsmanagement. Sie hat eine eigene Talkshow bei N-TV moderiert, Auszeichnungen als Rednerin und Essayistin erhalten und war Chefredakteurin und Herausgeberin der Wirtschaftswoche. Heute arbeitet sie als Gründungsherausgeberin von *ada*, einer Plattform zur Analyse unserer digitalen Zukunft. Aber diese natürlich ziemlich rasanten Rahmendaten einer Biografie sagen noch nichts über ihr Werk. Seine Aktualität und Faszinationskraft besteht darin, dass hier das Eliza-Problem neu gefasst und das Mensch-Maschinen-Verhältnis unter modernen Bedingungen beleuchtet wird – und zwar in drei Formen: einerseits wissenschaftlich, andererseits persönlich und schließlich und auch literarisch. Wie gehen wir mit den modernen Kommunikationstechnologien um? Und vor allem aber: Wie kriegen wir sie wieder in den Griff? Das war die Ausgangsfrage eines Buches mit dem Titel *Das Glück der Unerreichbarkeit*, das Miriam Meckel 2007 veröffentlicht hat. – Was heißt es, wenn die technische Welt, wenn das Ideal des geschmeidigen Funktionierens und des Immer-Weiter-Optimierens auf das menschliche Leben prallt, das sich dem Diktat des Funktionierens aber gar nicht so einfach beugt? Und welche Sprache finden wir, wenn wir wirklich nicht mehr funktionieren? Wie könnte man dann freundlich zu sich selbst sein oder werden? Und wie könnte die Gesellschaft selbst zu einer freundlichen Sprache finden? Das war die Leitfrage in dem sehr persönlichen Buch mit dem Titel *Brief an mein Leben*. Erfahrungen mit einem Burnout. Es ist 2010 erschienen und wurde für das ZDF verfilmt. – Was wäre, wenn die Zeit des Menschen tatsächlich endet und die Epoche der irgendwie lebendigen Maschinen beginnt? Was wäre, wenn die Körperzeit zu Ende geht und die Systemzeit folgt? Das ist die Kernfrage eines literarischen Buches, eines futuristischen Experimentes mit dem Titel *Next. Erinnerungen an eine Zukunft ohne uns* aus dem Jahre 2011. Miriam Meckel erzählt hier aus zwei Perspektiven: aus der Perspektive eines menschlich wirkenden Algorithmus, der schon viel variantenreicher, eleganter und elastischer formuliert als dies Josephs Weizenbaums Eliza-Programm jemals konnte. Und aus der Perspektive des letzten Menschen, der sich an die Zeit erinnert, als es den Zufall und das Vergessen noch gab und die eigentümliche Schönheit des Unbestimmten, des Unsichtbaren und im Wortsinne Unberechenbaren.

Natürlich, das Eliza-Problem ist nicht lösbar, denn die Frage der Freiheit kennt keine Antwort, die man einfach nur in einem Buch nachlesen, ausprobieren und dann problemlos in eine persönlich-private Praxis mündiger Lebensführung transformieren könnte. Aber dieser Drei-Formen-Kanon aus analytischer Studie, persönlichem Bericht und literarischem Experiment zeigt, dass es bei der Wiedergewinnung von Autonomie und Selbstbestimmung auf etwas anderes ankommt: auf eine Weitung des Horizonts, auf eine Vervielfältigung von Alternativen, vielleicht auch, wie es in einer Formulierung von Miriam Meckel heißt, auf eine »Rettung des Zufalls« und jener Momente der Unberechenbarkeit, die den Menschen von der Maschine trennen.

Miriam Meckel

Der berechenbare Mensch.
Was die digitale Evolution mit unserer
Individualität und Freiheit macht

I.

Im Jahre 1901 machte sich der amerikanische Arzt Duncan Mac-Dougall auf die Suche nach der menschlichen Seele. Dafür führte er ein rückblickend durchaus befremdlich anmutendes Experiment durch. Er stellte die Betten von sechs schwer erkrankten Patienten auf jeweils vier Waagen und maß, wie sich das Gewicht der Patienten im Augenblick des Todes veränderte. Einer der Patienten war nach seinem Tod leichter als vorher – und zwar um 21 Gramm. Seitdem geistert die Idee durch die Welt, die menschliche Seele wiege 21 Gramm.

Es ist also etwas ungeheuer Leichtes, das die Menschen ausmacht – so müssten wir schlussfolgern, wollten wir das Experiment vor mehr als 100 Jahren ernst nehmen. Auch wenn MacDougalls Versuch makaber ist, so zeigt er doch ein Bestreben, das die

Menschheit seit jeher geprägt und geplagt hat: die Vermessung des Menschlichen mit metrischen Mitteln. Niemand versucht heute, das Gewicht der menschlichen Seele zu ermitteln. Dafür haben 100 Jahre Aufklärung, technischer Fortschritt und wissenschaftliche Forschung gesorgt. Und dennoch leben wir in einer Zeit, in der Ähnliches geschieht, wie in diesem Versuch. Wir wollen nicht mehr wissen, was unsere Seele wiegt. Wir wollen wissen, wie schwer unser Gehirn wiegt, wie es funktioniert, wie wir es nachbauen und seine Funktionsweise imitieren können, ob die vollständige Erkenntnis des Gehirns reicht, um den Menschen zu vermessen, oder ob es da noch etwas gibt. Etwas, das eben mit dem Begriff der Seele beschrieben wird. Und dann wollen wir wissen, ob sie ein Geheimnis bleiben muss oder nicht vielmehr auch vermessen werden kann. Für all das stellen wir nicht unsere Betten im Augenblick des Todes auf eine Waage. Wir koppeln unser Leben und Denken, immer mehr unserer Aktivitäten an das Internet und die Algorithmen, die im Netz dafür sorgen, dass wir die Ordnungsmuster im großen Ganzen erkennen können. Wir lassen uns ausrechnen, was wir tun und wer wir sind, um mehr oder anderes zu tun, vielleicht auch mehr oder anders zu sein.

Ray Kurzweil, IT-Visionär, *Director of Engineering* bei Google und Propagandist der Singularität, glaubt an die Idee, dass Computer und Software durch exponentielles Wachstum in Zukunft die menschliche Intelligenz übertreffen, also schlauer sein werden als wir. Nach seiner Vorstellung ist das eine Frage von Prozessorengeschwindigkeit, Rechenkapazität und Datenmenge, ob der Mensch zumindest in Teilen seiner Existenz ein unentschlüsseltes Geheimnis bleibt oder berechenbar wird wie ein Datensatz, der mit einem Algorithmus analysiert wird, um mit den Ergebnissen dann Vorhersagen für die Zukunft zu treffen. Wenn wir den Menschen so berechnen können, ist es nur ein weiterer Schritt, ihn auch mit dem Computer zu verschmelzen. Der Mensch-Maschine-Merger, das ist die eigentliche Idee, die sich hinter dem Begriff der Singularität verbirgt. Ray Kurzweil gilt vielen als Freak, als extremer Visionär, den man deshalb nicht ganz ernstnehmen muss. Das kann man so sehen. Ernstnehmen sollten wir aber das gedankliche Grundgerüst, auf dem die künftige Entschlüsselung des Menschen beruht. Nach Kurzweil und anderen Transhumanisten geht es um die Kraft der Muster (*patterns*), die es uns ermöglichen, über unsere derzeitige Beschränktheit hinauszuwachsen: »We can ›go beyond‹ the ›ordinary‹ powers of the material world through the power of patterns. Rather than a materialist, I would prefer to consider myself a ›patternist‹. It's through the emergent powers of the pattern that we transcend«.

Was sind das für Muster? Algorithmen suchen sie in den Datenmengen im Internet, um Ähnlichkeiten zu finden, und daraus Vorlieben, Verhaltensweisen und Eigenschaften von einzelnen Menschen oder Gruppen abzuleiten. Das geschieht einmal rückblickend, um die Muster überhaupt erst zu identifizieren und zu verstehen. Aber es geschieht auch vorausschauend, um daraus abzuleiten, was wir in Zukunft wohl tun werden. Da der Mensch ein Gewohnheitstier ist, viele seiner Verhaltensweisen also tatsächlich sehr regelmäßig sind und sich wiederholen, klappt das bereits recht gut. Ein Beispiel dafür ist der ›vorausschauende Versand‹ (*anticipatory shipping*), den der Online-Händler Amazon sich kürzlich hat patentieren lassen. Amazon will dazu die umfänglichen Kundendaten analysieren, die gesammelt werden, wenn ein potenzieller Käufer sich Produkte anschaut, Gebrauchsanweisungen online liest, Waren auf den Online-Wunschzettel setzt etc. Eine algorithmische Analyse dieser Datenmengen macht es möglich, dem Kunden das Produkt bereits liefern zu lassen, bevor er auf die Idee kam, es online zu bestellen. Ähnliche Entwicklungen beobachten wir bei der Neuorganisation der Verbrechensbekämpfung (*predictive policing*). Längst arbeiten Start-ups daran, Fehlverhalten oder Straftaten auf der Basis von algorithmischer Datenanalyse vorherzusagen und im Vorfeld zu verhindern. Die Algorithmen analysieren millionenfach menschliche Verhaltensmuster, um daraus Rückschlüsse auf gefährdete Gegenden, Tatzeiten für Einbrüche oder sogar auf die potenziellen Täter zu ziehen. In Zukunft ist die Polizei dann schon da, wenn die Einbrecherbande eintrifft.

Was geht in Ihnen vor, wenn Sie die beiden Beispiele vergleichen? Bei der Einbruchsvermeidung denken Sie wahrscheinlich: ein guter Ansatz, der helfen könnte, die Zahl der Einbrüche zu verringern und damit zu unserer Sicherheit und unserem Wohlbefinden beizutragen. Beim Beispiel Amazon denken Sie dagegen vielleicht: wie gruselig oder anmaßend, schließlich möchte ich selbst bestimmen, was ich wann und wie kaufe. Meine Reaktion auf die zwei Beispiele ist: Beide sollten uns sehr nachdenklich machen, denn letztlich geht es nicht um das Anwendungsfeld der umfassenden Datenanalyse durch Algorithmen, also das, was wir ›Big Data‹ nennen. Es geht vielmehr um die Frage, die den unterschiedlichen Beispielen hinterlegt ist: Was bedeutet es für unser Menschenbild, für den Umgang mit uns selbst und anderen, wenn immer mehr Verhaltens- und Denkweisen auf der Grundlage von umfänglicher algorithmischer Datenanalyse (*big data analytics*) interpretiert und vorhergesagt werden können? Es ist die Frage nach der Vermessung des Menschen und seiner Berechenbarkeit. Meine These lautet:

Der berechenbare Mensch gefährdet Individualität und Freiheit. Je mehr wir uns digital vermessen lassen, desto stärker werden unsere Entscheidungsspielräume eingeschränkt, zugunsten eines ökonomischen und sozialen Gleichgewichts, das mehr auf Bestand als auf Entwicklung, mehr auf Mainstream als auf Individualismus ausgerichtet ist.

II.

Was macht den Menschen aus? Sicherlich nicht das spezifische Gewicht seiner Seele. Uns macht aus, dass jeder Mensch ein Unikat ist. Wir betrachten uns als Individuen. Dafür haben wir hunderte von Jahren gekämpft und uns im Zuge der Aufklärung bewusst gemacht, dass wir in der Lage sind, jeder einzelne von uns, unseren Verstand zu gebrauchen, uns ein Urteil zu bilden und eigenverantwortliche Entscheidungen zu treffen. Der Mensch als Individuum hat sich im Laufe der Geschichte Autonomie erworben, auch das Bewusstsein dafür, dass es diese Autonomie gibt. Er ist frei, sie zu nutzen und zu gestalten, und dabei niemandem anderen gegenüber verantwortlich als sich selbst. Er ist also verantwortlich dafür, seine Autonomie und individuelle Freiheit verantwortungsvoll zu nutzen, daraus das Bestmögliche zu machen, beschränkt durch nichts als die individuelle Freiheit des anderen.

Um als autonomes Individuum in Freiheit zu leben, müssen wir ständig Entscheidungen treffen. Wir müssen wählen zwischen unterschiedlichen Optionen. Das betrifft uns als Individuum (Ich bin ich, und du bist du, ich mache das so, und du machst das so), und es betrifft auch die Entscheidungen selbst (Ich entscheide so oder anders). Solche Unterscheidungen nehmen wir täglich tausendfach oder gar millionenfach vor. Stehe ich um sechs Uhr auf oder um sieben, fahre ich mit dem Fahrrad oder mit dem Auto zur Arbeit, rufe ich den Freund, mit dem ich mich gestritten habe, heute an, oder verschiebe ich das auf morgen? Viele dieser Entscheidungen sind für uns zur Routine geworden. Wir haben Heuristiken entwickelt, Schemata entworfen, nach denen sie routiniert und blitzschnell getroffen werden. Alles andere hieße auch, unser Alltag müsste zusammenbrechen. Solche Entscheidungsmuster lassen sich leicht durch Algorithmen analysieren und vorhersagen. Sie nehmen uns damit Lästiges ab, machen uns das Leben leichter. Das ist ein echter technischer Fortschritt und ein Beitrag zur Lebensqualität. Wenn ich weiß, dass auf meiner üblichen Autostrecke zum Flughafen Stau ist, hilft es mir sehr, wenn mir das Navi eine Alternativroute vorschlägt. Aber was bedeutet es, wenn ich nicht nur die Alternativroute vorgeschlagen bekomme, sondern das Navi mir die Entscheidung abnimmt und den Wagen ohne mein Zutun über die andere Strecke steuert? Anders formuliert: Was passiert, wenn die Algorithmen nicht mehr nur meinen Weg zur Arbeit, sondern meinen Lebensweg durch ihre Analysen und Vorhersagen steuern?

III.

Um diese Frage zu beantworten, müssen wir ein Stück tiefer eintauchen in die Beschaffenheit des Menschen, sein Denken und Entscheiden. Der Mensch lebt in der und durch die Differenz. Gäbe es keine Unterschiede, es gäbe keine Welterfahrung, wir könnten schlicht nicht existieren. Diese Erkenntnis versteckt sich auch in dem Satz des britischen Anthropologen und Kybernetikers Gregory Bateson. Er hat Information einmal beschrieben, als »a difference that makes a difference« (also als einen Unterschied, der einen Unterschied macht).

Frühling ist keine Information. Glück auch nicht. Wir wissen nur, was den Frühling besonders macht, weil wir auch den Herbst und den Winter kennen. Wer nie Unglück erfahren hat, der weiß nicht, was Glück ist – und umgekehrt. Zwischen Frühling und Herbst, Glück und Unglück gibt es einen Unterschied, der für uns etwas bedeutet, also wiederum einen Unterschied für unser Leben macht. Wir kleiden, fühlen, verhalten uns im Frühling anders als im Herbst, im Zustand des Glücks anders als im Zustand des Unglücks. Zu entscheiden heißt, einen Unterschied auszumachen und zu erkennen und dann auf der Grundlage dieser Erkenntnis eine Wahl zu treffen, die das Leben beeinflusst, manchmal sogar verändert.

Wie schwer diese Wahl manchmal fällt, hat auf sehr berührende Weise Facebook-Chefin Sheryl Sandberg im Sommer 2015 in einem Beitrag beschrieben, den sie auf Facebook gepostet hat. Nach

30 Tagen der jüdischen Trauerzeit (*Schloschim*) für ihren plötzlich und unerwartet verstorbenen Mann Dave Goldberg beschreibt sie die Qual, aber auch die Hoffnungsmomente im Kampf gegen Trauer und die totale Leere, die einen Menschen nach dem Tod eines anderen Menschen überwältigen können. Sheryl Sandberg beschreibt, dass es für sie nur eine Option A geben kann, ihren Mann. Und sie erzählt von der Begegnung mit einem Freund, der ihr klarmacht, dass es Option A nun nicht mehr gibt. Aber es gibt Option B. »So let's just kick the shit out of option B«, sagt der Freund – »Lass uns alles, was möglich ist, aus Option B machen«. Sheryl Sandberg nimmt den Satz für sich an, bei aller Trauer, die bleibt, wissend darum, dass Option A immer ihre Wahl gewesen wäre – unter Abwägung von allem, das für sie eine Rolle spielt, der emotionalen und rationalen, der individuellen und sozialen Dimensionen.

Es kann also sein, dass wir uns anders entscheiden (müssen), als eine Analyse der relevanten Aspekte dies nahelegt. Manchmal gezwungenermaßen, zum Beispiel beim Tod eines geliebten Menschen, oder weil unsere präferierte Option aus einem anderen Grund nicht mehr existiert. Wir haben die Möglichkeit dazu. Das ist menschliches Ermessen. Es kann sein, dass wir uns gegenläufig entscheiden, bewusst also das Gegenteil tun von dem, was die Umwelt von uns erwartet. Das ist vielleicht Trotz, vielleicht auch der Keim des Revolutionären, der die Menschheit vorangebracht hat. Es kann sein, dass wir keine klare Entscheidung treffen, dass wir uns in dem Graubereich verstecken oder in ihm verloren gehen, der sich zwischen dem Schwarz und dem Weiß der Alternativen auftut. Das ist Ambivalenz. Der Mensch ist zum Nebeneinander von gegensätzlichen Gedanken und Gefühlen fähig. Er kann mehrdeutig sein, in der Sprache, in seinen Entscheidungen. Er ist zum Beispiel fähig zur Hassliebe – ein Zustand, den bislang keine Maschine imitieren kann.

Software ist dem Menschen überlegen, wenn es um schnelles und klares Entscheiden geht. Das Entscheiden ist in ihr sozusagen digital codiert. Software und alles, was sie hervorbringt, unterliegt dem binären Code, besteht aus einer Folge von 0 und 1. Ja ist 1, nein ist 0. Schwarz ist 1, weiß ist 0. Wollen wir die Farbe Grau digital zum Ausdruck bringen, ist das zum Beispiel 01. In der Sprache des Digitalen, nicht in der des Menschen. Beim Betrachten eines Grautons wird kaum jemand die Farbe als ›01‹ beschreiben. Er wird sagen, er sehe ein Hellgrau oder ein Dunkelgrau, ein frisches oder dumpfes Grau, ein Mausgrau, Staubgrau oder Steingrau. Das ist die Interpretation, die ein Mensch der Welt entgegenbringt. Es ist eine Zweibahnstraße aus Informationsangebot und Interpretation im ständigen Wechselspiel.

Eine Maschine, ein Computer, angetrieben durch Software, geht anders vor. Sein Grundprinzip lässt keine Ambiguität, keine Zwei- oder gar Mehrdeutigkeit zu. Verdeutlichen wir uns das am Beispiel der digitalen Fotografie: Ein digitales Schwarz-Weiß-Foto besteht aus Pixeln, aus Bildbestandteilen (Neologismus aus *picture* und *element*), die einen Farbwert markieren. Eine einfache Rastergrafik besteht also aus Bildpunkten, die entweder schwarz (1) oder weiß (0) sind. Schauen wir aus einigem Abstand hin, so ergibt die Anordnung der schwarzen und weißen Pixel ein Bild. Gehen wir zu nahe mit dem Auge an das Bild heran, so löst es sich in seine Bestandteile auf. Ähnlich funktioniert das mit komplexeren digitalen Bildern, die Grauskalen oder Farbe verwenden. Es gibt dann viel mehr Variationen im Farbraster (beispielsweise die vier verschiedenen Farbtöne in der Grauskala eines 2-Bit-Bildes, 00, 01, 10 und 11) oder die 16,7 Millionen Farbwerte in einem 24-Bit-Farbbild (2^{24}). Wie komplex auch immer die digitalen Daten für ein Bild sind, die Grundstruktur bleibt die binäre Unterscheidung zwischen 0 und 1.

Der Mensch entscheidet, wie wir gesehen haben, anders. Die Grautöne in unserem Leben lassen sich nicht digital codieren. Sie sind unspezifisch für den Computer, aber spezifisch menschlich, abhängig von individuellen Erfahrungen und Vorlieben, und Teil einer Weltwahrnehmung, die jeder Mensch in seiner Individualität vollzieht. Manches ist dabei anderen Menschen verständlich und zugänglich, anderes hingegen nicht. Software entscheidet eindeutig, indem sie Informationen in binäre Ordnungen von 0 und 1 aufgliedert. Menschen tun das nicht.

Erkenntnis 1: Das Entscheidungsprinzip von Software lässt sich nicht auf den Menschen übertragen und umgekehrt.

IV.

Wenn Maschinen uns Menschen Entscheidungen abnehmen, dann tun sie das nach ihren Regeln und in ihrer Funktionsweise. Auf der Basis historischer Datenbestände rechnen die Algorithmen unsere Präferenzen für Gegenwart und Zukunft aus. Das ist oft hilfreich und manchmal auch sehr bequem. Aber es hat Folgen. Die Maschinen bieten uns die Lösungen, die sich aus den ermittelten Mustern menschlichen Verhaltens und unseren sozialen Beziehungen im Netzwerk ergeben. In den Worten von Amazon: »Kunden, die diesen Artikel gekauft haben, kauften auch…«. Wir werden auf der Basis der Datenlage im Netz gemustert und bemustert. Und dabei entsteht ein Mechanismus der sich selbst verstärkenden Präferenzen: Was ich heute mag, werde ich voraussichtlich auch morgen mögen.

Bei Socken, Druckern, Staubsaugerbeuteln oder Hautcremes ist das praktisch. Es ist *convenient.* Aus der Forschung wissen wir, dass *convenience,* also Annehmlichkeit oder Bequemlichkeit, ein wesentlicher Treiber in der Internetnutzung und in der Akzeptanz technischer Hilfen ist. Wenn es unser Leben bequemer macht, dann sind wir bereit, unsere Daten zur Verfügung zu stellen. Aber was heißt das für die Informationen, mit denen wir unsere Entscheidungen treffen? Bei der Wahl unseres Partners, unseres Berufs, bei der Wahl einer politischen Partei oder zwischen gesellschaftlichem Engagement und Rückzug ins private Leben? In diesen komplexen Entscheidungsfeldern fehlen die Alternative, das Unerwartete, die Überraschung und auch die Provokation, wenn wir hauptsächlich aus der Analyse unseres vergangenen Verhaltens für die Zukunft planen. Dann werden der Computer und seine algorithmen-gestützten Empfehlungen zum narzisstischen Verstärkungsmittel. Selbstbestätigung ist etwas Wunderbares, und kein Mensch kann ohne sie leben. Zu viel Selbstbestätigung wird aber irgendwann zu Selbstgewissheit. Im Umfeld der Selbstgewissheit haben der produktive Selbstzweifel, das Lernen, die Toleranz für das andere einen schweren Stand.

Der Preis der Bequemlichkeit ist Zustimmung. Im konkreten Sinne: Zustimmung zu seitenlangen AGB, die niemand liest, um praktisch und schnell ein paar Schuhe zu bestellen oder einen Song herunterzuladen. Im übergeordneten Sinne: Zustimmung zu dem, was die Mehrheit tut, was die IT-Konzerne zugunsten ihrer Geschäftsmodelle vorschlagen, oft auch, was derzeit gerade den Mainstream ausmacht.

Freiheit ist eine Zumutung, und die mit ihr verbundenen Anstrengungen, immer wieder Entscheidungen zu treffen, sind es auch. Wir müssen den Pluralismus aushalten können, der so entsteht, auch den Wettbewerb der Ideen, Meinungen und Vorstellungen. Manch einer kann das nicht. Deshalb liegt darin immer auch eine potenzielle Überforderung. Wächst uns die Freiheit über den Kopf, wachsen auch der Hang zur Anpassung und die Bereitschaft zu kapitulieren vor der ständigen Überforderung durch Individualität und freies Entscheiden. Chancen und Risiken der individualisierten Massengesellschaft gehen hier Hand in Hand. Computer und Internet wirken dann nur als Verstärker einer menschlichen Anlage.

Vielleicht ist es also nicht so überraschend, dass die Generation Y, also die ab 1980 Geborenen, als narzisstisch, anspruchsvoll und angepasst wahrgenommen wird, als Selfie-Generation, technisch gesehen, aber auch im sozialen Miteinander. Sie leben in einem Umfeld, das ihnen technologiebedingt ständig den Spiegel vorhält. Es ist ein Hohlspiegel: Er zeigt den Betrachter immer etwas größer als er ist. Auch im Verhältnis zum Rest der Welt. Auf Dauer leidet man dann unter Weltkurzsichtigkeit.

Der technologische Fortschritt, die Unterstützung durch Computer, immer komplexere Algorithmen helfen uns bei vielen Entscheidungen, und das ist oft großartig. Sie sorgen aber auch zuweilen dafür, dass wir uns bei unseren Entscheidungen in einem verlässlichen Rahmen bewegen. Verlässlich für das Geschäftsmodell der IT-Unternehmen, nicht unbedingt für ein lebendiges und für Veränderung offenes Zusammenspiel in der Gesellschaft. Dadurch, dass Algorithmen Daten aus der Vergangenheit analysieren, um daraus Schlussfolgerungen und Empfehlungen für die Zukunft abzuleiten, reproduzieren sie Bekanntes und Bewährtes. Der Einzelne kann sich so in einem Egotunnel der eigenen Vorlieben verirren, der Veränderungsdrang in einer Gesellschaft erlahmt, weil irritierende Impulse fehlen. Wir haben zwar die Freiheit, zu entscheiden, aber nur innerhalb eines begrenzten Spielraums der Informationen, die uns die Software auf der Basis unserer Präferenzen zur Verfügung stellt.

Erkenntnis 2: Das Entscheidungsprinzip von Software ist konservativ.

V.

Wir können Daten nicht beobachten, aber sie sind da und haben eine Wirkung. Wir können die Algorithmen von Google und Facebook nicht fragen: Was macht ihr da? Aber sie entscheiden über die Informationen und Angebote, die wir bekommen. Die Digitalisierung entmaterialisiert unser Leben, all das Wesentliche, was jenseits des Bildschirms liegt, und lässt es im virtuellen Raum, im globalen Netzwerk verschwinden. Es ist noch da, aber für uns ist vieles davon unbeobachtbar geworden. Weil wir immer weniger erkennen können, wie die Regeln, Mechanismen, Prozesse und Infrastrukturen aussehen, die ihm zugrunde liegen. Der Computer bekommt also Zug um Zug Zugriff auf das menschliche Denken. Allerdings nicht nur dadurch, dass Algorithmen unsere Entscheidungen und unser Verhalten über große Datenmengen im Netz immer besser berechnen, ja, auch vorausberechnen können. Es geht noch einen Schritt weiter: Der Computer rückt immer näher an den menschlichen Körper und Geist heran. Irgendwann wächst beides zusammen.

Das Unternehmen IBM hat bereits Ende 2011 die Prognose ausgegeben, dass »Gedankenlesen nicht länger Science Fiction« sein soll. Heute geben die meisten von uns ihre Informationen über eine externe Schnittstelle in den Computer ein, über eine Tastatur, einen Touchscreen, auch über eine verbale Aufforderung an Siri, das digitale Helferlein von Apple, oder andere sprachgesteuerte persönliche Assistenten. Wir werden in den kommenden Jahren erleben, wie immer weitergehende Möglichkeiten hinzukommen. Dadurch werden sich unsere Informationsversorgung und unser Entscheiden noch einmal gravierend verändern.

Das US-Unternehmen Neurosky hat einen Kopfhörer im Angebot, mit dem man nicht nur hören, sondern auch ein Computerspiel steuern kann. An den Ohrmuscheln und der Stirn des Spielers werden über eeg (Elektroenzephalografie) die Hirnströme gemessen und direkt in Spielimpulse umgewandelt. Ich denke also das Figürchen auf dem Bildschirm nach rechts, und schon bewegt es sich an die gewünschte Stelle.

In der Medizin sind wir bereits einen Schritt weiter. Ein Hirnimplantat, also ein winziger Chip, wird in den motorischen Kortex eingesetzt, das ist der Teil des menschlichen Gehirns, mit dem die Bewegungen gesteuert werden. Querschnittsgelähmte Menschen können so einen Roboterarm direkt über die neuronalen Signale ihres Gehirns steuern, um damit z.B. ein Getränk zum Mund zu führen. Einem Team aus amerikanischen, brasilianischen und chinesischen Forschern gelang es 2013, zwei Rattenhirne zu einer Computereinheit zu verbinden. Beide Rattenhirne waren über implantierte Mikro-Elektroden und das Internet miteinander verbunden. Die eine Ratte im US-Labor musste nun lernen, auf den richtigen von zwei Schaltern zu drücken, der durch ein aufleuchtendes Licht markiert wurde, um damit eine Ration Wasser freizusetzen. Die Hirnsignale der Ratte wurden digital kodiert und über das Internet in das Gehirn der anderen Ratte im brasilianischen Labor übertragen. Diese sah sich derselben Versuchsanordnung gegenüber, aber es gab kein Lichtsignal, das den richtigen Schalter markierte, mit dem die Ratte an ihre Portion Wasser gelangen konnte. Trotzdem wählte sie richtig. Die Informationen stammten also aus den Hirnsignalen der erste Ratte, mehrere tausend Kilometer entfernt.

Diese Beispiele markieren eine graduelle Entwicklung mit grundlegenden Folgen. Unser Denken, basierend auf neuronalen Signalen im menschlichen Gehirn, kann immer besser entschlüsselt werden. Es kann über Elektroden oder gar Hirn-Maschine-Schnittstellen ausgelesen und vielleicht irgendwann sogar per Internet übertragen werden. Natürlich gibt es zwischen Ratten und Menschen einen himmelweiten Unterschied. Aber was in diesem Forschungsfeld derzeit geschieht, zeigt, was wir uns für die Zukunft vorstellen können. Nicht nur können menschliche Gedanken dann analysiert werden, und zwar weit konkreter, als dies durch algorithmische Musteridentifikation derzeit möglich ist. Sie können auch übertragen werden. Und vermutlich können sie dann auch beeinflusst werden. Individuelles Entscheiden in Freiheit wird dann zu einer Ausnahme-Erscheinung.

In dem berühmten gleichnamigen Lied von Hoffmann von Fallersleben lautet der erste Satz: »Die Gedanken sind frei«. Es ist sicher kein Zufall, dass dieses Lied im Deutschen Vormärz, also in der Zeit vor der Märzrevolution 1848 besonders populär war. Der zweite Satz lautet übrigens: »Kein Mensch kann sie wissen, kein Jäger erschießen, es bleibet dabei, die Gedanken sind frei«. Das gilt nicht mehr, wenn die Verbindung von Informationstechnologie und Neurowissenschaft es möglich macht, Gedanken auszulesen, zu übertragen und zu beeinflussen.

Erkenntnis 3: Das Entscheidungsprinzip von Software ist für den Menschen nicht beobachtbar. Es fördert die Illusion einer Transparenz, hinter der sich Kontrolle und Anpassung verbergen.

Im Forschungsfeld an der Schnittstelle zwischen IT und Neurowissenschaften wird derzeit unfassbar viel investiert, denn hier liegen die Geschäftsmodelle der Zukunft. Die großen IT-Konzerne, Google, Facebook, auch das chinesische Unternehmen Baidu, sind längst in einen Wettlauf um die marktfähige Nutzung von Technologien eingestiegen. Google erforscht im Großprojekt ›Google Brain‹ das ›Deep Learning‹, die moderne Variante der lernenden Maschinen. Algorithmen modellieren dabei komplexe Prozesse und Strukturen, die eben auch dem menschlichen Denken zugrunde liegen. Schritt für Schritt wird Google sich weiter von einer Suchmaschine zu einem Konzern für Anwendungen der Künstlichen Intelligenz entwickeln. Es wird noch dauern, bis es einem Computer gelingt, wie ein Mensch zu erkennen und zu entscheiden. Wenn ich heute Apples Siri frage: »Weißt Du, was ich denke?«, dann antwortet sie: »Eine Option ist Denke-An-Geschenke in Duisburg« und empfiehlt den gleichnamigen Laden für hübsche Kleinigkeiten. Aber der Fortschritt ist fast in jedem Augenblick greifbar. 2012 hat ein Forscherteam bei Google einen Algorithmus mit Millionen von YouTube-Videos gefüttert und ihn arbeiten lassen. Nach einer Weile hatte die Software gelernt, menschliche Gesichter zu kategorisieren, ebenso wie eine der wichtigsten Repräsentationsformen der Sharing-Kultur im Internet: Katzenbilder. 2014 hat Facebook einen Algorithmus namens ›DeepFace‹ vorgestellt, der in 97 Prozent aller Fälle ein menschliches Gesicht richtig erkennt. Die Personal-Assistant-Software Cortana von Microsoft kann einen Pembroke Welsh Corgi von einem Cardigan Welsh Corgi unterscheiden – eine Befähigung, die mir bei allem Bemühen abgeht.

VI.

Was bedeutet das für uns, für unsere Individualität und Entscheidungsfreiheit? Es ist eine Form der Entzauberung des Menschen, des Einzelnen als Individuum oder Unikat. In diese Richtung argumentiert auch ein Zweig der Hirnforschung, der dem Menschen den freien Willen streitig macht. Das menschliche Gehirn als komplexes System aus Milliarden von Nervenzellen prozessiert neuronale elektrische Impulse. Das klingt sehr nach Maschine, und eine solche könnte doch dann das Denken auch ganz für uns übernehmen. »Keiner kann anders als er ist. Wir sollten aufhören, von Freiheit zu reden«, hat der Hirnforscher Wolf Singer 2004 gesagt. Wir können das auch anders sehen. Der amerikanische Biologe Edward O. Wilson formuliert es so: »Ohne einen freien Willen wäre das Bewusstsein, das allemal kaum mehr ist als ein fragiles, dunkles Fenster in die wirkliche Welt, mit Fatalismus gestraft. Wie ein Gefangener, verurteilt zu lebenslanger Isolationshaft, ohne jede Chance auf Entdeckung oder Überraschung, verfiele es zu nichts«. Es ist also letztlich egal, ob wir objektiv einen freien Willen haben oder dieser freie Wille nur eine allgemeingültige Illusion ist. Wir brauchen die Vorstellung, um überleben zu können, um nicht in Determinismus zu erstarren, weil alles vorhersehbar, vorhersagbar, ja, vorbestimmt ist.

Das ist der Kern einer kritischen Auseinandersetzung mit den neuen technologischen Entwicklungen des digitalen Zeitalters.

Wenn wir durch Datenanalyse oder Hirn-Maschine-Schnittstelle vorhersagbar werden, ändert sich eine Grundvoraussetzung der menschlichen Existenz. Wir beschreiben diese Grundvoraussetzung als ›Kontingenz‹ – die Offenheit menschlicher Lebenserfahrung, die sich daraus ergibt, dass wir nicht in allem determiniert, also vorbestimmt sind, sondern gestalten und entscheiden können. Die nächste Stufe des technologischen Fortschritts stellt diese Grundvoraussetzung menschlicher Existenz infrage. Wie genau, wie weitgehend, wie grundlegend, wissen wir derzeit noch nicht. Sie greift dort an, wo wir unsere Individualität ausleben: beim Entscheiden auf der Basis von Informationen, also bei den Unterschieden, die einen Unterschied machen. Im Zuge der Verschmelzung von IT und Neurowissenschaft kommen wir irgendwann dann theoretisch an einen interessanten Wendepunkt: Es wird irgendwann keine Differenz mehr geben und damit auch keine Information. Wir werden immer durch Datenanalyse und vorausschauende Versorgung so mit Daten versorgt werden können, dass wir permanent im Zustand der informationellen Sättigung bleiben. Eine Differenz zwischen Wissen und Wollen kann gar nicht mehr entstehen. Der Mensch lebt im perfekten Equilibrium – differenzfrei, widerspruchsfrei, anspruchsfrei.

Die Aufgabe von Medien und anderen professionellen Informationsquellen würde dann übrigens obsolet. Wenn die digitalen Netzwerke uns permanent mit Informationen versorgen, bevor wir überhaupt wissen, dass wir sie benötigen, ist das ein Amazon für das Denken: *anticipatory thinking*. Das Netz liefert, bevor wir wissen, was wir wollen könnten. Das wäre dann eine ganz besonders geartete Teilbestätigung des berühmten Satzes von Arthur Schopenhauer (1788 - 1860): »Der Mensch kann zwar tun was er will, aber er kann nicht wollen, was er will«. Schopenhauer meinte damit: Der Mensch hat zwar einen freien Willen, aber er kann ihn nicht selbst beeinflussen. Unser freier Wille ist sozusagen ein blinder Fleck in unserem Entscheidungsreich. Im Lichte der beschriebenen Entwicklungen reduziert sich der Satz Schopenhauers auf ein informationslogistisches Problem: Ich kann nichts mehr wollen, weil alles, was ich wollen könnte, schon befriedigt ist, bevor ich es zu wollen weiß.

Dieses Equilibrium, in dem wir dann existierten, wäre auch ein Zustand der vollkommenen Transparenz. Der optimale Ausgleich zwischen Informationsbedarf und Informationsversorgung, zugeschnitten als Just-in-time-Versorgung auf der Basis umfänglicher Datenanalysen heißt auch, dass Informationsvorsprünge im total Transparenten nicht mehr existieren werden. Auch ein solcher Zustand wird eher stabilisierend als veränderungsgeneigt sein. Ohne Differenz zwischen Suchen und Wissen, zwischen Wollen und Haben, zwischen Wünschen und Sein fehlt der Motor der Veränderung. Im digitalen Equilibrium findet die Revolution nicht mehr statt, weil niemand weiß, wozu.

Das Leben im digitalen Equilibrium ist nicht demokratisch, sondern durchschnittlich, nicht von Mut, sondern von Mainstream geprägt. Alles, was wir denken, wissen und tun ist ausgeleuchtet, bevor es gedacht, gewusst, getan ist. Kein erhellender Zustand, sondern ein ausgeleuchteter. *Illumination* statt *enlightenment*. Transparenz statt Aufklärung. Antworten statt Fragen. 2003 hat der mexikanische Regisseur Alejandro Gonzáles Iñárritu einen Film mit dem Titel *21 Gramm* gemacht über einen tragischen Autounfall, um den sich die Lebenslinien von drei Menschen und ihren Angehörigen winden. Der Film ist deshalb ungewöhnlich, weil er die Lebensgeschichten der Menschen, verbunden durch den Unfall, nicht linear erzählt. Die drei Hauptfiguren haben jeweils eigene Lebensstorys, deren Vergangenheit, Gegenwart und Zukunft durcheinander geraten und sich dabei immer wieder berühren. Der Film endet im folgenden Monolog des Protagonisten, gespielt von Sean Penn, der nicht weiß, ob er stirbt oder überlebt: *»How many lives do we live? How many times do we die? They say we all lose 21 grams... at the exact moment of our death. Everyone. And how much* *fits into 21 grams? How much is lost? When do we lose 21 grams? How much goes with them? How much is gained? How much is gained? Twenty-one grams*«.

Lauter unbeantwortete Fragen. So auch diese: Wie viel können wir gewinnen oder auch verlieren, wenn die Vermessung des Menschen unser Entscheidungs- und Lebensprinzip dem digitalen Code unterwirft? Auch diese Frage lässt sich nicht beantworten. Und das ist gut so. Denn wenn wir die Antwort wüssten, wenn vorbestimmt wäre, wie viel von unserer Individualität und Freiheit wir aufgäben, dann wäre unser Leben ab diesem Augenblick ein anderes.

Herzlichen Dank für Ihre Aufmerksamkeit!

Ranga Yogeshwar

Das Black Box-Gefühl.
Eine biografische Skizze zu Ranga Yogeshwar —
Vorbemerkung der Herausgeber

Eine Black Box ist ein Objekt, eine Entität, ein System, dessen innere Funktionsweise unverständlich erscheint. Man sieht, was man in dieses System einspeist, den Input. Man sieht, was dabei heraus kommt, den Output. Aber die Regel der Transformation auf dem Weg vom Input zum Output bleibt dunkel, verborgen, mysteriös. Hier fehlt die Einsicht in die inneren Mechanismen. Hier fehlt die Aufhellung der Funktionsweisen, ganz klassisch gesagt: Hier fehlt die Aufklärung. Je umfassender die Digitalisierung unser Leben prägt, desto intensiver wird hierzulande ein Gefühl, das man das *Black-Box-Gefühl* nennen könnte. Das ist für jeden von uns erlebbar geworden. Wir tippen eine Suchanfrage in die Google-Maske, das zentrale Sichtfenster zur Welt. Und wissen vielleicht gerade noch: Google arbeitet mit personalisierten Filtersystemen, das sind lernende Algorithmen, mathematische Entscheidungsprozeduren, die unser bisheriges Such- und Informationsverhalten mit einbeziehen und uns das empfehlen, was uns offenkundig gefällt oder was im Sinne unseres Suchverhaltens eine wahrscheinliche Anschlussfrage darstellt. Das ist äußerst hilfreich, aber den genauen Google-Algorithmus kennt nur Google, er ist eine Art Geheimrezept der Wirklichkeitskonstruktion.

Wir posten auf Facebook. Und Facebook arbeitet mit *EdgeRank*, einem Algorithmus, der festlegt, wer nach welchen Kriterien unsere Postings zu sehen bekommt – aber wie funktioniert das eigentlich genau? Und was sind die Kriterien? Wir schauen ein Video auf YouTube. Und kaum ist es zu Ende treibt uns der Empfehlungsalgorithmus von YouTube zum nächsten Filmchen. Es gibt inzwischen verschiedene Studien, die zeigen, dass in diesem Prozess der Weiterempfehlung das Prinzip einer schrittweisen Radikalisierung regiert. Das heißt konkret und ganz im Ernst: Der Vegetarier bekommt irgendwann das Video empfohlen, das den Veganismus preist. Wer gerade noch ein Lehrfilmchen über Jogging angeschaut hat, dem empfiehlt man das Video über Marathonläufe. Wer einen Grippeimpfstoff sucht, dem serviert man ein paar Videos später die Total-Verdammung der Pharmaindustrie im Universum der Impfgegner. Und dem Kritiker der Flüchtlingspolitik liefert man die Verschwörungstheorie über den *großen Austausch*, die Wahnidee einer gesteuerten Völkerwanderung und geplanten Invasion, die Extremisten überall in Europa propagieren. Aber wie funktionieren solche Desinformationsmaschinen genau? Und was heißt es, wenn ein rein ökonomisches Modell der Nutzerbindung und der Aufmerksamkeitsausbeutung, eine Gesellschaft im Inneren destabilisiert? Was bedeutet es, wenn dieses ökonomische Modell der Plattformen die Vereinzelung und Radikalisierung der Perspektiven voran treibt und Fakten durch Fiktionen ersetzt, einfach nur weil Fiktionen besser geklickt werden und mehr Aufregung erzeugen?

Wenn man so fragt, dann gelangt man zu einer Diagnose, die Ranga Yogeshwar folgendermaßen formuliert: Wir nutzen – von der Kaffeemaschine bis zum Smartphone – immer mehr Apparate und Algorithmen, immer mehr Maschinen und Technologien, die wir immer weniger verstehen und in ihren Konsequenzen durchschauen. Vielleicht ist das Black-Box-Gefühl das unvermeidliche Stimmungs-Schicksal komplexer, hoch technisierter Gesellschaften, aber es gibt da ein Problem: Wir gehen mit Systemen um, sprechen mit Systemen, leben und verschmelzen mit Systemen, die wir nicht begreifen, aber doch beurteilen müssen, um eine existenzielle Frage zu stellen: Ist es ein gutes, ein freies und ein gerechtes Leben, das da entsteht?

Genau hier, an der Schnittstelle von Aufklärungsnotwendigkeit und Wissenschaftsfortschritt, setzt Ranga Yogeshwar mit seiner Arbeit an. Er hat Physik studiert, war Wissenschaftsredakteur beim WDR, ist heute freier Autor, Vortragender, Filmemacher. Er hat zahlreiche Wissenschaftssendungen konzipiert und moderiert, darunter *Quarks & Co* oder *Wissen vor acht* oder *Die große Show der Naturwunder*. Für seine Arbeit im Grenzbereich von Wissenschaft und Journalismus hat er über 50 Preise und Auszeichnungen erhalten, darunter den Grimme-Preis (2003), die Ehrendoktorwürde der Universität Wuppertal (2009) und den Deutschen Fernsehpreis (2011). Seine Bücher – zuletzt erschien der Band *Nächste Ausfahrt Zukunft* – sind Bestseller. Er vermag in seinen Veröffentlichungen und Auftritten wie wenige sonst mit leichter Hand zu erklären, kritisch, aber nicht apokalyptisch, ohne Buzzword-Produktion und ohne die pauschale, im Zweifel einfach nur ungenaue Disruptionsrhetorik, die so viele Debatten über die Digitalisierung prägt.

Es ist das paradoxe Kunststück der komplexitätserhaltenden Komplexitätsreduktion, das Ranga Yogeshwar beherrscht. Es ist die Befähigung durch Metaphern und Parabeln, durch Bilder und Geschichten etwas zu erzeugen, was man *Tiefeneinfachheit* nennen könnte – Klarheit plus Tiefe mit dem Ziel, ein umfassenderes Verständnis zu ermöglichen. Aufklärung, so wird an seinem Beispiel deutlich, ist ihrem Wesen nach leise, nicht laut, vielschichtig, nicht eindimensional. Sie setzt ein Verständnis der Programmiersprachen, ein Verständnis der Technik und Mathematik voraus, die es überhaupt erst erlaubt, die Grammatik der Systeme zu begreifen. Sie benötigt aber auch die Neugierde und die Erkenntnisfreude, die Lust am Aufbruch und am Experiment. Und sie braucht ganz gewiss die soziale Sensibilität, den Einspruch und die entschiedene Kritik. All dies findet sich in seinem Werk.

Ranga Yogeshwar

Journalismus im Zeitalter der Erregungsbewirtschaftung. Eine Analyse

Als im März 2011 nach dem Erdbeben von Tōhoku die Kühlsysteme der Reaktoren in Fukushima-Daiichi versagten, kam es zu einer Wasserstoffexplosion, die Teile des Dachs und des oberen Bereichs von Block 1 zerstörte. Später wiederholten sich ähnliche Explosionen auch in den benachbarten Blöcken 3 und 4. Das Bild dieser ersten Explosion ging live um die Welt und brannte sich in das Weltgedächtnis ein. Doch es gab ein unglaubliches Missverständnis: Die Betriebsmannschaft von Block 1, die sich damals in der Leitwarte des Reaktors befand, registrierte zwar die Erschütterung der Explosion, glaubte jedoch, es handele sich um ein Nachbeben. Ausgerechnet diejenigen, die mitten im Geschehen standen, verkannten die Situation! Diese Geschichte ist jedoch kein Einzelfall. Es scheint so, als zählten die unmittelbar Betroffenen häufig zu den Letzten, die ein Ereignis in all seinen Konsequenzen begreifen. Dieses trifft, wie ich meine, auch auf die momentane Situation des Journalismus zu. Während in den Medien über die möglichen Konsequenzen der künstlichen Intelligenz und ihrer Auswirkungen auf die Welt der Arbeit, des Handels oder der Medizin debattiert wird, scheinen die Journalisten die Beben gleich unter ihren Füßen nicht zu bemerken. Hier offenbart sich unterschwellig die Furcht vor der eigenen Betroffenheit und die Angst davor, dass womöglich die eigene Existenz in Frage gestellt wird. Die Verantwortlichen verkennen den unmittelbaren Einfluss der Digitalisierung, den Einsatz von Algorithmen und die Auswirkungen disruptiver Geschäftsmodelle auf die eigene Branche und akzeptieren die veränderten Spielregeln in der Hoffnung damit das eigene Überleben zu sichern. Angesichts der digitalen Büchse der Pandora will keiner auf die schöne Pandora hereinfallen, wie einst der geblendete Epimetheus es tat, der »zu spät Bedenkende«! Die Grammatik des Machtgefüges zwischen Medien, Politik und Gesellschaft wird momentan umgeschrieben. Im Folgenden möchte ich anhand konkreter Beispiele aufzeigen, wie sich die Medienlandschaft in wesentlichen Punkten verändert hat, wie sich hierdurch auch die politische Kultur verändert und worin diese Entwicklung münden könnte. Wenn man diesen Mechanismus in seiner Gesamtwirkung betrachtet, wird deutlich, dass es an der Zeit ist die Regeln des digitalen Spiels zu ändern.

In diesem Frühjahr wurden wir Zeugen eines medialen Erdbebens. Der YouTuber Rezo veröffentlichte wenige Tage vor der Europawahl, am 18. Mai 2019, das Video *Die Zerstörung der CDU*. In 55 Minuten klagt er im Video die etablierten Volksparteien an, wirft ihnen Versagen bei der Klimapolitik vor, verurteilt die Rolle Deutschlands beim Einsatz von US-Drohnen in Kriegsgebieten oder mahnt die wachsende ungleiche Verteilung von Reichtum in Deutschland an. Er zeigt anhand ausgewählter Beispiele die Widersprüchlichkeit von politischen Aussagen und beklagt deren mangelnde Umsetzung, kritisiert per Video offensichtliche Kompetenzprobleme bei politisch Verantwortlichen und beruft sich dabei auf zahlreiche wissenschaftliche Fakten. Seine Liste an

Verweisen und Links umfasst 13 Seiten. Das Video wurde bis zum Juni 2019 über 15 Mio. mal aufgerufen und löste nach seinem Erscheinen eine Kettenreaktion von Sekundärprozessen aus: Andere Medien griffen das Thema auf, Parteien gingen in die Offensive, Talkshows diskutierten darüber und weitere YouTuber schalteten sich ein. Bundesweit entflammte eine hitzige Debatte über politische Strukturen, mediale Macht, die junge Generation und ihre demokratische Teilhabe.

Bevor der YouTuber Rezo seine Politik-Kritik ausstrahlte, erreichte er mit ganz anderen Inhalten die Aufmerksamkeit seiner Gemeinde im Netz. Seine vorausgegangenen offensichtlich unpolitischen Beiträge, wie etwa *Würdest du .... mit Katja Krasavice* oder *SONG Challenge mit Julia Beautx,* erreichten bereits über eine Million Aufrufe. Die einzelnen Folgen setzten dabei vor allem auf Emotionalität, wurden gesehen und geteilt. Rezo selbst wird bei tubeone, der Social-Influencer-Agentur der Ströer Gruppe, als Influencer in der Kategorie ›Unterhaltung‹ aufgeführt, mit durchschnittlich 210 Mio. Views im Monat. Als er im Frühjahr 2019 sein ›Zerstörungsvideo‹ produzierte, konnte er also bereits auf eine große Gemeinde an Followern zurückgreifen. Das Video wurde von ihm selbst produziert und in weiten Teilen auch von ihm selbst recherchiert. Auch wenn es auf den Betrachter eher spontan wirkt, so handelt es sich um ein präzise durchkomponiertes Stück. Rezo zeichnete Passagen seiner Moderationen mehrfach auf, gestaltete sehr bewusst den Hintergrund des Sets und spricht selbst von einem ›Kunstwerk‹. Die Bildgestaltung, die Inszenierung des Hintergrunds, die Soundebene und der Schnitt wurden von ihm mit großer Gewissenhaftigkeit ausgewählt. Die Ausstrahlung des ›Zerstörungsvideos‹ war intern bei Ströer-Media umstritten und es kam zu Diskussionen zwischen Rezo und der Agentur, da es nicht zum sonstigen Profil seines Kanals passte. Nach eigener Aussage verzichtete Rezo bewusst auf ein anstehendes lukratives Werbeangebot, welches durch die Ausstrahlung des ›Zerstörungsvideos‹ zurückgezogen wurde. Die Besonderheit dieses Appells ist seine Widersprüchlichkeit: Ausgerechnet inmitten des künstlichen Aufmerksamkeitsraums eines Influencers werden die üblichen Regeln über Bord geworfen um eine inhaltliche Botschaft abzusetzen. Eine klare und substanzielle politische Ermahnung ausgerechnet von dort, wo niemand sie erwarten würde.

Entscheidend für den Erfolg des Videos ist zunächst die latent kritische Haltung der Menschen zur etablierten Politik. Die jungen Wähler sind enttäuscht von den Volksparteien. Bereits Wochen zuvor protestierten Schüler bei ›Fridays for Future‹. Rezo selbst artikuliert diesen Unmut in seinem Appell; er hat dabei, bildlich gesprochen, ein Streichholz in einer Pulverkammer gezündet. Ich möchte in diesem Zusammenhang jedoch nicht auf die inhaltlichen Argumente eingehen, die Rezo in seinem Video anführt, sondern mich auf den medialen Mechanismus und seinen Kontext konzentrieren. Die besonderen Voraussetzungen, Dynamiken und Funktionsmechanismen der digitalen Medienkultur, die zugrundeliegenden Businessmodelle der Plattformen, die reflexhafte Sofort-Skandalisierung in klassischen Medien, die Reorganisation von Gemeinschaften von *Kollektiven zu Konnektiven,* wie Bernhard Pörksen es beschreibt, die Verunsicherung einer Umbruchsgesellschaft, die hilflose Reaktion mancher Politiker, die Verinselung der Generationen, all das bildet den Kontext, den es zu verstehen gilt.

Eine Einzelperson löst mit einem eigenen Video eine mediale Lawine aus. Dieses geschieht inmitten eines größeren gesellschaftlichen Phasenübergangs. Nicht nur in Deutschland klagen die klassischen Volksparteien über ein massives Abschmelzen, doch die Medien selbst befinden sich im Umbruch: Die Zeitungsauflagen sind in einem freien Fall und auch die Buchbranche klagt über einen massiven Rückgang ihrer Absatzzahlen, der mittelfristig die ganze Printindustrie bedroht. Die Grammatik der

Kommunikation hat sich verändert und mit ihr vielleicht sogar das Bewusstsein für das, was wir Gesellschaft nennen.

Wie wichtig die gegenseitige Wechselwirkung zwischen medialen Innovationen und gesellschaftlichen Strukturen ist offenbart die Geschichte, denn Medien haben stets die Gesellschaft und unser Selbstbewusstsein geprägt. Der ›Citoyen‹, der ›Freigeist‹ oder der ›Weltbürger‹, diese Figuren entstanden alle in Zeiten medialer Umbrüche, denn jede neue Informationstechnik hat auch auf tiefgreifende Weise unsere Kultur beeinflusst. Immer wieder veränderte sich dabei das Spannungsfeld zwischen Dominanz und Freiheit, zwischen Individuum und Gruppe und zwischen Unterhaltung und Information. Betrachtet man diese Umbrüche aus einer historischen Perspektive, erkennt man ähnliche Reaktionsmuster, wie wir sie heute im Zeitalter von Twitter und Facebook erleben.

Gutenberg erfand Mitte des 15. Jahrhunderts den Buchdruck mit beweglichen Lettern und schuf damit die Grundlage für die ersten Massenmedien. Die erste Auflage seiner Bibel umfasste gerade mal 180 Exemplare. Kein halbes Jahrhundert nach seinem Tod gab es bereits 1120 Druckereien in 260 europäischen Städten. In Nürnberg, Straßburg, Paris und Venedig entstanden größere Druckereien, und im Jahr 1500 waren bereits 40000 Buchtitel in einer Auflage von über 10 Millionen Exemplaren im Umlauf. Die rasante Entwicklung des Buchdrucks löste eine qualitative Veränderung aus: Die Menschen lernten lesen und waren von nun an nicht mehr alleine auf die Deutungshoheit der Schriftgelehrten angewiesen. Diese neue Kompetenz öffnete den Raum für eigene Interpretationen und löste das Bildungsmonopol der Kirche und der Mächtigen auf. Auch heute sind es die neuen Kompetenzen von Videoproduktion und Blog, die den klassischen Medienprozess verändern und die Deutungshoheit des klassischen Journalismus auflösen. Luthers Bibelübersetzung in eine verständliche Sprache war der Hebel der einsetzenden Reformationsbewegung.

Bis dahin waren es die wenigen Schriftkundigen, die Priester und Bischöfe, die als ›Gatekeeper‹ die Heilige Schrift interpretierten. Mit Luthers Bibelübersetzung und der Technik des Buchdrucks wurde die alte Ordnung zerstört, denn nun konnten die Menschen direkt lesen und schreiben, ohne die einstige Notwendigkeit von Übersetzer und Interpret.

Überall beobachtete man, wie die Sprache sich mit dem Erscheinen des Buchs veränderte, denn immer weniger Bücher wurden auf Latein geschrieben. Venedig wurde zum Zentrum des Buchdrucks in Italien. Alles wurde gedruckt: Abhandlungen zur Medizin, Musikpartituren, Rechenbücher, Wörterbücher, Kräuterkunden, Losbücher und jede Menge Unterhaltungsliteratur. Pietro Aretino wurde durch den Buchdruck zu einer Instanz. In seinen *Ragionamenti*, die er um 1535 verfasste, erzählen römische Prostituierte von den moralischen Verfehlungen der mächtigen Männer Roms. Wer die *Gespräche des göttlichen Pietro Aretino* liest, wird erstaunt sein, mit welcher Direktheit er den Geschlechtsverkehr in allen Posen bis ins Detail beschreibt. Der »Flagello dei principe« (Die Geißel des Prinzen), wie er sich selbst nannte, verfasste Komödien, Dramen, Briefe und Tragödien, und die Buchverkäufe machten ihn wohlhabend. Sein Malerfreund Tizian verewigte ihn auf einem Gemälde. Darauf erkennt man eine goldene Kette, ein Geschenk des französischen Königs an den damaligen ›Influencer‹. Venezianische Verleger druckten sogar Ausgaben des Koran für den arabisch-türkischen Markt, doch ottomanische Geistliche verboten diese Werke, die von ›Ungläubigen‹ produziert worden waren.

Schon bald nach Erscheinen der ersten Bücher begann ein Wettkampf um die Kontrolle dieses neuen Mediums. Ein System von Privilegien und Konzessionen entstand, nach dem Druckrechte zugeteilt wurden. Handelsrechte schützten damals den Import von Werken, die außerhalb von Venedig gedruckt worden waren, und dieses Zuteilungssystem sorgte zudem dafür, dass kein einzelner Verleger zu mächtig werden konnte. Im 16. Jahrhundert schaltete sich Rom ein. Aus Sorge, dass ungenaue Bibeltexte im Kontext der Reformation und Gegenreformation in Umlauf kamen, wurden Exklusivrechte zugeteilt. Die Päpste drohten den venezianischen Druckern sogar mit der Exkommunikation. Die neuen Bücher und Druckschriften wurden für die Mächtigen zur Gefahr. Zwischen 1580 und 1596 verschwanden zwei Drittel der Druckereien in Venedig. Rom übernahm die Leitung, und dort standen fortan nur die von der Inquisition freigegebenen Bücher auf den Bestsellerlisten.

Wir erleben derzeit einen medialen Phasenübergang, der in vielem vergleichbar ist mit den Umbrüchen zu Zeiten der Erfindung des Buchdrucks: Aus klassischen Massenmedien sind die Medien der Massen geworden: Einzelne Personen, wie z.B. Rezo, können sich in der vernetzten Welt von Twitter, Instagram, Facebook oder YouTube Gehör verschaffen und zwar ganz ohne redaktionelle Filter und institutionelle Strukturen. Jeder Bürger kann zu einem Sender werden und mit seinem Smartphone aktiv am globalen Medienschauspiel teilnehmen. Diese Bidirektionalität war bislang bei klassischen Medien nicht gegeben. Hier war der Bürger im Wesentlichen passiv, also lediglich ein Empfänger von Botschaften, wie es sich schon in den Begriffen ›Zuschauer‹, ›Leser‹ oder ›Zuhörer‹ spiegelt. Klassische Medien waren kommunikative Einbahnstraßen in einer Top-Down Medienwelt: Die Produktions- und Distributionsmittel waren fast ausschließlich Verlagen und Medienhäusern vorbehalten und diese operierten auch als inhaltliche Steuerungsorgane. Zeitungsverlage besetzten Inhaltsräume, Fernsehsender besaßen viele Jahre eine fast exklusive Deutungshoheit.

Diese Grammatik löst sich derzeit auf. Während die Produktionsmittel der klassischen Massenmedien von der Druckerpresse bis hin zum Fernsehstudio bislang nur diesen Institutionen und Unternehmen vorbehalten waren, verfügt nun jeder von uns über die entsprechenden Tools: Smartphone und Laptop sind Druckerpresse, Fernsehkamera, Aufnahmegerät und Schnittplatz in einem und die heutige Generation verdeutlicht, wie schnell und leicht der Umgang damit fällt. Auch die Distributionsmittel haben sich gewandelt: Die Sendemasten haben sich ins Internet verlagert und der Netzwerkeffekt der Plattformen erzeugt eine noch gewaltigere Sendeleistung. Wer ›on‹ ist verfügt prinzipiell über mehr Distributionsmacht als alle Medienverbünde der Vergangenheit zusammengenommen. Diese *Umkehr der Fließrichtung* prägt inzwischen auch die Kommunikationsstrategie etablierter Machthaber: US-Präsident Trump setzt seinen Twitter-Account als wirkungsvolle mediale Verlautbarungsmaschine ein, mit über 60 Millionen Followern, der indische Premierminister Narendra Modi wendet sich mit demselben Instrument an knapp 50 Millionen Inder und die Twitter-Gemeinde des ehemaligen US-Präsidenten Barack Obama zählt sogar 106 Millionen Follower. Doch auch Unbekannte, ohne ausgewiesenes Amt und Funktion schaffen inzwischen den Sprung in die Medienarena. Ihre Relevanz leitet sich nicht aus einer verantwortlichen politischen Position oder einer besonderen Expertise ab, sondern wird erst durch das Medium selbst etabliert. So bestimmen Influencer, Blogger, YouTuber und Social-Media Stars immer stärker die Inhalte auf Plattformen wie Facebook, Instagram und Twitter.

Bei der Verbreitung der Posts gilt es jedoch einen wichtigen Umstand zu verstehen, denn die Plattformen und Internetfirmen sind keineswegs neutrale Distributoren, sondern prägen indirekt auch die Inhalte. Beim Rezo-Video spielt, wie wir später noch sehen werden, die kommerzielle Betriebsweise der Plattform eine Schlüsselrolle. Das Businessmodell und die Algorithmen von YouTube und Co. erzeugen nämlich erst den Influencer-Typus. Die medialen Systemregeln definieren die Protagonisten und es wäre ein Irrtum zu meinen, dass diese Medien lediglich ein neutraler Distributor der Informationsströme sind. Sie gleichen gefüllten Petrischalen und es ist die besondere Zusammensetzung des Nährbodens, die erst spezifische Kolonien von Pilzen und Bakterien hervorbringt. Diesen normativen kommerziellen Prozess gilt es daher genauer zu verstehen, denn implizit prägt er die Medienlandschaft selbst. Wenn wir also heute die Erregbarkeit der Medien beklagen, so müssen wir den darunter liegenden ökonomischen Mechanismus der Plattformen beleuchten, der in seiner Dynamik eben diese Qualität hervorruft.

Auch ohne Plattformen erlebten und erleben wir, wie kritische Berichterstattung in manchen Ländern unterdrückt wird, und die jährlich aktualisierte Weltkarte der ›Reporter ohne Grenzen‹ dokumentiert, dass Pressefreiheit keineswegs einem weltweiten Konsens untersteht. In manchen Ländern werden, ein halbes Jahrtausend nach der Zensur im aufkommenden Buchdruck, Nachrichten unterdrückt und unliebsame Journalisten oder Autoren bedroht und eingesperrt. Deutschland hat aus der Naziherrschaft und den bitteren Erfahrungen der Massenpropaganda gelernt. Die Pressefreiheit ist im Artikel 5 des Grundgesetzes verankert: »Jeder hat das Recht, seine Meinung in Wort, Schrift und Bild frei zu äußern und zu verbreiten und sich aus allgemein zugänglichen Quellen ungehindert zu unterrichten. Die Pressefreiheit und die Freiheit der Berichterstattung durch Rundfunk und Film werden gewährleistet. Eine Zensur findet nicht statt«.

Auch wenn dieser Passus inzwischen zu einer Selbstverständlichkeit geworden ist, sollten wir nicht vergessen, dass dieser Schutz der freien Meinungsäußerung nicht einmal ein Jahrhundert alt ist. Auch heute werden wir immer wieder Zeugen einer mitunter offenen Anfeindung von Journalisten und des ständigen Versuchs politischer Einflussnahme durch die Besetzung von Gremien und Kommissionen. Die wohl größte Bedrohung liegt jedoch im Strukturwandel der Medien selbst: Fernsehen und Rundfunk waren bis in die 1980er-Jahre ein Monopol der öffentlich-rechtlichen Rundfunkanstalten. Dieses Modell änderte sich mit der Einführung des dualen Rundfunksystems. Am 1. Januar 1984 ging der kommerzielle Fernsehsender SAT.1 auf Sendung, gefolgt am nächsten Tag von RTL PLUS. Inzwischen liegt die Zahl der von den Landesmedienanstalten erfassten privaten TV-Programme bei über 400. Hierzu zählen Vollprogramme, Spartensender, Nachrichtensender, Teleshoppingkanäle und Pay-TV-Sender. Deutschland zählt inzwischen zu den am härtesten umkämpften Medienlandschaften weltweit, und der kommerzielle Einfluss auf die öffentlich-rechtlichen Sender ist offensichtlich.

Als Fernsehjournalist habe ich hautnah erlebt, wie sich das Diktat der Quote ausbreitete und das Programm immer stärker prägte. Durch die kommerzielle Konkurrenz reduzierte sich die Reichweite von ARD und ZDF, und manchen Verantwortlichen beschlich die Angst, dass die eigenen Sender derartig an Relevanz verlieren könnten, dass eines Tages das öffentlich-rechtliche System selbst in Frage gestellt werden könnte. Die Programmschemen wurden also umgestellt; interessante, aber weniger zuschauerstarke Sendungen wurden aus dem Hauptabendprogramm gedrängt, und mit der Zeit führte dieser Kampf um Aufmerksamkeit zu einer bemerkenswerten Ausdünnung der Inhalte. Programmfarben wie Wissenschaft flogen aus der Primetime; Kultursendungen und Dokumentationen werden, wenn überhaupt, zu später Stunde gesendet. »Wir orientieren uns am Zuschauer«, lautet das Credo der Intendanten, obwohl die Aufgabe von Journalisten doch darin besteht, den Menschen Orientierungshilfen anzubieten. »Das Fernsehen präsentiert als Ideal den totalen Durchschnittsmenschen ... Der Zuschauer sieht das Abbild seiner eigenen Beschränktheit glorifiziert und offiziell mit den Insignien einer nationalen Autorität ausgezeichnet«, schrieb der verstorbene Schriftsteller und Philosoph Umberto Eco bereits 1961 in seiner *Phänomenologie des Quizmasters*.

Die wachsende Zahl der Kanäle führt zu einer gegenseitigen Kannibalisierung, und so werden wir alle Zeugen einer geradezu grotesken Schlacht um die Aufmerksamkeit des Zuschauers. Wie auf einem Gemüsemarkt wird das Geschrei der Händler umso lauter, je größer die Konkurrenz ist. Wenn ich mir den stilistischen Wandel und die Sprache vieler TV-Beiträge anschaue, spüre ich, wie stark der Druck geworden ist: Auf langen Autobahnfahrten muss ich mir immer wieder die ›aktuellsten‹ Verkehrsmeldungen anhören, doch ich frage Sie: Geht es aktueller als aktuell? Die Sprache mancher Reportagen ist inzwischen mit einer derartigen Fülle an Dramavokabeln gespickt, dass selbst ein harmloser Schmetterlingsforscher ein gefährliches Leben zu führen scheint. Längst haben wir uns an die Suche nach ›Superstars‹ und ›Supertalenten‹ gewöhnt und daran, dass Fußballspiele als Megaevents mit pseudoreligiösen Zügen inszeniert werden. Der goldene Pokal wird dabei zum Klang pathetischer Chormusik überreicht, als handele es sich um den Goldenen Schrein. Der Trend zur Übertreibung und zur Überinszenierung ist eine Art Hilferuf, ein »Bleiben sie bei uns!«, denn nur so kann man abwandernde Zuschauer zurückpfeifen. Beim Durchzappen stieß ich auf einen Kollegen, der neben einem einfachen Versuchsaufbau stand: »Gleich nach der Werbung – hier bei uns die Kernschmelze!«

Das große Unterhaltungsfernsehen ist inzwischen zu einem reinen Business mutiert und gehorcht den Gesetzen von Kosten und Quote: Studios, Quizregeln und Moderatoren sind mittlerweile derart normiert, dass sie austauschbar erscheinen. Die geladenen Rateteams reisen ohnehin unentwegt von einer Quizshow zur nächsten. Trotz aufwändiger Lichteffekte, Jingles und Klangteppichen ertrinken solche Formate in ihrer eigenartigen Gleichförmigkeit. Das einstige Ordnungssystem des Fernsehens hat sich aufgelöst, die große Show am Samstagabend starb spätestens mit dem Ende von *Wetten, dass..?*. Aus Unterhaltung wurde Zeitvertreib, aus besonderen Momenten eine bunte Massenware. Das ›große Fernsehen‹ ist dem medialen Rauschen gewichen, hat sich aufgelöst in der fragmentierten Welt zahlloser Blogs und You-

Tube-Kanäle. Die Monarchie des Fernsehens wurde abgeschafft mit all ihren Königen und Prinzessinnen, mit den Ritualen und Regeln, den Ouvertüren und Pausen.

Auch der vermeintlich seriöse Journalismus kann sich dieser Entwicklung kaum entziehen: Das Event macht eben Quote, und so beobachten wir eine bedenkliche Häufung von Brennpunkten, Extra- und Spezialsendungen. Manchmal fehlt dabei der wahre Anlass, und was wir dann zu sehen bekommen, bietet kaum mehr, als die Nachrichtensendung zuvor verkündet hat. Politische Talkshows werden immer öfter zu Unterhaltungsforen, und alleine die Besetzung verrät, worum es den Machern eigentlich geht. Wie in einer Aufführung der Commedia dell'arte sitzt der Böse neben dem Guten, der Harlekin neben dem Besonnenen. Der Simplicio sorgt dafür, dass die Dinge stets in einfachen Worten erläutert werden, und dann spricht noch die Betroffene, die das Feuer der Gefühle entfacht. Es wird gestritten und selten diskutiert: Nie wird man Zeuge einer wirklichen Einsicht, nie hört man einen Teilnehmer, der, bereichert vom Argument des Gegners, seine eigene Haltung offen überdenkt und eine neue Sicht auf die Dinge entdeckt. In rhetorischen Scharmützeln gehen die Gegner aufeinander los, und wenn das Feuer auszugehen droht, wird es mit einem provokanten Kurzbeitrag erneut entfacht. Nach der Sendung verlassen die Protagonisten die Arena, um sich wenige Tage später in einer anderen Runde erneut zu streiten.

Die Themenwahl orientiert sich an der aktuellen Aufmerksamkeitswelle, und in manchen Wochen, etwa nach Erscheinen des Rezo-Videos, behandeln alle Shows dasselbe Sujet. Wie eine hysterische Epidemie breitet sich ein Thema aus und besetzt Titelseiten und Gesprächsrunden. Der wechselseitige mediale Verweis suggeriert dabei eine scheinbare Wichtigkeit, denn wenn alle darüber sprechen, dann muss es doch bedeutend sein. Gesellschaftlich relevante Sachthemen werden hingegen gerne ignoriert, vor allem dann, wenn es Mühe bereitet, die Relevanz des Sujets zu vermitteln. Der ehemalige Bundestagspräsident Wolfgang Thierse formulierte treffend: »Die Talkshows sind ein wesentlicher Teil der hysterischer gewordenen politischen Kommunikation in Deutschland. Das Setzen nicht nur auf Aktualität, was richtig und verständlich ist, sondern die Zuspitzung schon im Titel und in der Moderation – Angst, negative Erwartungen, Beunruhigung. Das befördert und lindert nicht Beunruhigung und Ängste, das befördert und bekämpft nicht Populismus«.

Eine Untersuchung der 141 Polittalkshows im Jahr 2016, Deutschland sprach damals über Flüchtlinge, ergab, dass Themen wie Klimawandel oder Energiewende in keiner einzigen Runde aufgegriffen wurden. Doch nur drei Jahre später, nach den Demonstrationen von ›Fridays for Future‹ wird plötzlich die Klimadebatte in allen Medien aufgegriffen. Es geht dabei jedoch nicht mehr um Inhalte, sondern lediglich um Aufmerksamkeit. Das neue Zauberwort heißt ›Content‹. Eigens dafür bestellte ›Contentmanager‹ optimieren die Inhalte mit dem Ziel maximaler Aufmerksamkeit. Mit reißerischen Überschriften und grellen Titeln produzieren diese medialen Fallensteller einen Aufmerksamkeitsköder nach dem anderen und sind Meister im Produzieren von sogenannten Neugierlücken (*curiosity gaps*). Ihre Leitgrößen sind nicht Fakten, Relevanz und inhaltliche Eindringtiefe, sondern Reichweite, Zugriffszahlen und aggressives Clickbaiting.

Wir unterschätzen jedoch den Effekt dieser Erregungsbewirtschaftung auf unsere Wahrnehmung. Das britische Marktforschungsunternehmen Ipsos MORI untersuchte mit einer Befragung von 25.000 Menschen in 33 Ländern, wie sich die gefühlte Wirklichkeit der Bürger von den tatsächlichen Fakten im Land unterscheidet. Die Menschen in Deutschland schätzten zum Beispiel den Prozentsatz der im eigenen Land lebenden Migranten doppelt so hoch ein, wie er tatsächlich ist, wohingegen sie den Anteil übergewichtiger Menschen innerhalb unserer Bevölkerung deutlich zu niedrig ansetzten. Fragt man sie, wie groß der

Anteil der Kinder und Jugendlichen unter 14 Jahren ist, dann fällt die Antwort doppelt so hoch aus wie der tatsächliche Wert. Unsere Wahrnehmungen entsprechen nicht der Realität, sondern werden immer stärker von den Medien geprägt. Auch wenn die Mediendebatten schon immer den jeweils aktuellen Zustand beklagten und die Generationen vor uns ihre Realitäten genauso verkannten wie wir, so begegnet uns doch ein Phänomen, das wirklich neu ist: Das Internet und das Aufkommen sozialer Netzwerke stellen das bisherige Mediengefüge auf den Kopf. Die rapide Verbreitung massentauglicher Medien und Sender in den Händen vieler, führt, wie wir gesehen haben, zur Auflösung einstiger Monopole medialer Versorgung. Dabei geraten auch etablierte Regeln und Werte ins Rutschen. Wir erleben die offene Infragestellung oder Ablehnung bestehender Institutionen und Hierarchien. Schlagwörter wie ›Lügenpresse‹, ›die da oben‹ oder der abwertende Gebrauch von Begriffen wie ›Eliten‹, ›Global‹, ›Kultur‹ zeugen von diesem Umbruch. Auch Rezos Video spricht von ›Zerstörung‹.

Das Vertrauen in Fakten schwindet, denn das System an sich wird in Frage gestellt. Die ›Unabhängigkeit‹ wird angezweifelt, bei Experten, Journalisten, Politikern und auch bei Wissenschaftlern. Der gesellschaftliche Konsens, was Gewaltenteilung und Spezialisierung angeht, basierte auf gegenseitigem Vertrauen und der Einsicht, dass nur so die Komplexität der einzelnen Prozesse innerhalb einer Gesellschaft beherrschbar ist. Zwar gab es immer Kritik und Gegenexpertisen, doch nun wird das Expertentum an sich als Täuschungsversuch korrupter ›Eliten‹ erklärt, denen man ›das Volk‹ entgegensetzt. Wie dramatisch dieser Phasenübergang ist, erlebt man an der Geschichte zweier Präsidenten. Bundespräsident Christian Wulff wurde in einer absurden medialen Hetzjagd aus dem Amt getrieben, um später vor einem Gericht freigesprochen zu werden. Die Medien hatten sich zwar versündigt, doch ihre Macht war bestimmend. Beim anderen Präsidenten, Donald Trump, scheint sich dieses umzukehren. Seine privaten Twitter-Botschaften bestimmen die Schlagzeilen, und seine Auftritte demonstrieren den etablierten Massenmedien ihre Ohnmacht. Unverfroren kanzelte ein Präsident während einer Pressekonferenz die anwesenden Journalisten mit einem »It's all fake news, it's all fake news« ab. Während der eine Präsident von der Presse vernichtet wurde, führt der andere die Presse vor. Er scheint immun gegenüber den Waffen der Journalisten zu sein, und die Flut an negativer Berichterstattung kümmert ihn und seine Gefolgschaft wenig. Was wir dort in voller Blüte erleben, kündigt sich auch bei uns an: Die offenen sozialen Netzwerke sind eine verführerische Einladung an Populisten und Verschwörungstheoretiker.

Der polnische Soziologe und Philosoph Zygmunt Bauman beschreibt diesen historischen Transformationsprozess als *liquid modernity* (flüssige Moderne). Er schreibt: »Soziale Medien fördern nicht unsere Dialogfähigkeit, da es so einfach ist, Kontroversen zu meiden ... Die meisten nutzen die sozialen Medien nicht, um Gemeinsamkeit zu fördern, nicht, um ihren Horizont zu weiten, sondern im Gegenteil, um sich in einer Komfortzone zu verstecken, in der sie lediglich die Echos ihrer eigenen Stimme hören, und wo alles, was sie zu sehen bekommen, Spiegelungen ihres eigenen Gesichts sind«. Die Notwendigkeit des gesellschaftlichen Konsenses, die im Europa nach 1945 zu einem festen Bestandteil der demokratischen Kultur wurde, beginnt sich aufzulösen, denn im unendlichen Raum digitaler Foren und Plattformen muss niemand mehr seinen Platz erstreiten. Die breiten Debatten um Themen und Prioritäten, die Politik und Kultur prägten, waren der lebendige Ausdruck unseres demokratischen Miteinanders. Dieses Kompromissprinzip löst sich auf, denn die große Bühne zerfällt in einzelne Echokammern, in denen jeder seine eigene Wahrheit verstärkt und taub ist für die Argumente des anderen.

Ohne weiteres Zutun hätte das Rezo-Video vermutlich nur eine begrenzte Community erreicht. Erst nachdem das Video von den klassischen Medien und von der Realpolitik aufgegriffen und zum Teil völlig inkompetent kritisiert wurde, vergrößerte sich der Rezipientenraum. Daraufhin organisierte Rezo eine Solidarkampagne und mobilisierte sein Netzwerk an YouTubern. Sein Folgevideo offenbart, wie isoliert die Medienräume inzwischen sind, denn die YouTuber, die sich dort äußern, sind zwar Stars in der eigenen Szene, jedoch außerhalb derselben kennt sie keiner. Diese völlige Fragmentierung ist das Ergebnis von immer spezifischeren nebeneinander operierenden Medienströmen. Sie sind auch das Resultat einer digitalen Werbestrategie die unsere Gesellschaft in spezifische Kundensegmente isoliert und separat anspricht. So entstehen abgetrennte Welten von Produkten und Menschen, Während reale Menschen noch immer denselben Raum bewohnen, führen die digitalen Medien zu einer zunehmenden Verinselung unserer Gesellschaft. Es fehlten die Brücken zwischen diesen Inseln und somit die Voraussetzungen für den gemeinsamen Dialog und somit auch für den demokratischen Kompromiss. In diesem Nebeneinander der Vielfalt etablieren sich divergierende Sprachen und Kulturmuster.

Der Reiz des digitalen Eldorados besteht in seiner latenzfreien Reaktionszeit, der völligen Auflösung geografischer Distanzen und in seinem Versprechen von Überfluss und erweiterter Realität. Hier wandert man von einem Impuls zum anderen und der digitale Raum entpuppt sich als Nährboden einer neuen Weltdynamik steter Erneuerungen und Überraschungen. Diese unerhörte Anziehung führt zu einer globalen Abwanderung in den digitalen Kontinent, zu einer neuartigen Völkerwanderung. Diese Migration ins Digitale begreifen manche als Realitätsflucht, als Eskapismus aus einer realen Welt der Mängel und Bedrohungen. Das Lebensgefühl verschiebt sich zunehmend ins Digitale. Nicht nur Kommunikation und Informationsbeschaffung werden durch Suchmaschinen und Plattformen organisiert. Das Netz wird immer mehr zum Lebensmittelpunkt, zum Kosmos unserer

Träume. Der Bewusstseinsschwerpunkt verlagert sich in die digitale Welt; Profile und Likes werden zum Barometer für das eigene Lebensgefühl. Die aktuelle ARD-ZDF Onlinestudie konstatiert in Ihrem Bericht von 2018, dass die durchschnittliche tägliche Internet-Nutzungsdauer der über 14-Jährigen inzwischen auf 196 Minuten pro Tag angewachsen ist. Bei der jüngeren Altersgruppe der 14- bis 29- jährigen liegt die Nutzung sogar bei knapp sechs Stunden am Tag. In dieser Gruppe summiert sich alleine die tägliche Zeit für Individualkommunikation – also Chatten, E-Mails, WhatsApp oder andere Messenger-Aktivitäten auf 152 Minuten!

Während Sie diesen Satz lesen, strömen über 200.000 Facebook Posts und 22.800 neue Tweets ins Netz. Täglich schauen sich Facebook-User eine Milliarde Videos an. In jeder Sekunde werden 28.000 Instagram-Bilder geliked und alleine auf WhatsApp werden täglich mehr als 27 Milliarden neue Nachrichten ausgetauscht. Diese Zahlen spiegeln die weltweite Intensität dieses Verlagerungsprozesses wider. Kein anderes Medium hat in so kurzer Zeit eine derartige gesellschaftliche Durchdringung erreicht. Neben der Kommunikation werden immer mehr Prozesse aus dem realen Raum in das digitale Universum verlagert: Vom Einkaufen per App, der Partnerwahl, dem Buchen von Reisen, dem Bezahlen und der Währung bis hin zu medizinischen Analysen entstehen somit überall digitale Abbildungen unserer Wirklichkeit. Diese digitale Abwanderung führt in der Folge zu Verhaltensänderungen, denn ›Digitalität‹ und Realität vermischen sich: Ein Beispiel ist die Veränderung der Körperlichkeit: Die Porträts, die wir in Instagram oder Facebook zu sehen bekommen, sind häufig ein geschöntes digitales Abbild. Apps wie *Facetune* glätten Falten und Hautflecken, Körperformen werden retuschiert, Zähne per Algorithmus gebleicht. Die geposteten Bilder sind also geschönte Artefakte, die jedoch mit der Zeit ihre normative Kraft entfalten. Auch hier kommt es zu einer Umkehr der Fließrichtung: Reale Menschen versuchen, dem digitalen Alter-Ego zu entsprechen.

Wir wollen so aussehen wie die digitalen Avatare. Schauspielerinnen straffen sich die Falten, Politiker richten sich die Zähne, und Nachrichtensprecher färben sich die Haare, denn der visuelle Eindruck wird immer wichtiger. Vergleicht man die politische Wahlwerbung der 1970er-Jahre mit den heutigen Kampagnen, so ist diese Veränderung offensichtlich. Die Porträts der Kandidaten werden inzwischen derartig retuschiert und geglättet, dass sie wie Kunstfiguren wirken.

Während klassische Medien ihre veröffentlichten Inhalte aufgrund der Beschränkung von verfügbaren Sendeplätzen und Zeitungsseiten noch rigoros auswählen müssen, ist die digitale Welt frei von diesen Beschränkungen. Der mediale Raum scheint grenzenlos zu sein und birgt Platz für jeden Inhalt vom Kartoffelanbau, Quantenphysik, UFO-Sichtungen bis hin zu politischen Statements. Das Kuratieren entfällt momentan fast vollständig, wodurch der digitale Medienraum zum Sammelbecken für alles und jeden wird. Hier stößt man auf Ernsthaftes und auf Überflüssiges, ohne dass es eine sichtbare Eingrenzung zu geben scheint. Und all dieses wird zusätzlich überlagert von der Auflösung der Echtheit. Durch den Einsatz moderner KI-Techniken gelingt die Produktion von *deep fake*: Künstliche Bilder und Videos lassen sich in derart perfekter Weise herstellen, dass eine Unterscheidung von ›echt‹ und ›*fake*‹ geradezu unmöglich erscheint.

Doch neben der aktiven Produktion von Fälschungen und Artefakten spielt der Distributionsmechanismus selbst eine entscheidende Rolle: Das renommierte Massachusetts Institute of Technology (MIT) hat 2017 in einer Studie nachgewiesen, wie sich Nachrichten auf Twitter zwischen 2006 und 2017 verbreitet haben: Eine wahre Nachricht braucht sechsmal so lange, um 1.500 Nutzer zu erreichen wie eine unwahre Information. Falsche Behauptungen werden 70 Prozent häufiger auf Twitter geteilt als korrekte Informationen. Das Frappierende: Es sind keine Bots, die vorrangig Falschmeldungen verbreiten, sondern wir Menschen. Denn psychologisch gesehen erzeugen Fake News höhere Überraschungs- und Verblüffungsmomente und dadurch substanziell höhere Klickraten. Und die Autoren der MIT-Studie kommen zu dem klaren Schluss, dass vor allem werbefinanzierte Online-Portale diesen Prozess verstärken, da sie von der Erregbarkeit leben und von höheren Klickraten profitieren.

Die Sichtbarkeit der jeweiligen Inhalte richtet sich nach den ökonomischen Regeln der Plattformen: Facebook, Google, YouTube oder Twitter sind für den Nutzer scheinbar kostenlos und begreifen sich primär als Werbeplattform. Der Nutzer selbst ist dabei das Produkt, denn er liefert durch seine Daten die Basis für ein präzises ›Targeting‹ und somit für eine zielgerichtete Werbung. Die primäre Intention sozialer Netzwerke ist also nicht der gegenseitige Austausch, das »*Connecting the world*«, sondern eine möglichst lange Verweildauer des Nutzers und eine möglichst hohe Klickaktivität auf die jeweils zugeschnittene Werbung. Inhalte, die also häufig geteilt und angesehen werden, werden automatisch durch den Algorithmus priorisiert und erhalten somit eine bessere Sichtbarkeit.

Die Klickraten, Seh-Dauer, und weitere Parameter, wie die Interaktivität, fließen in den Algorithmus ein und bestimmen die Platzierung im Netz. Bei YouTubern und Influencern wird das gepostete Video per Algorithmus in unterschiedlich lukrative Kategorien eingeordnet. Je nach Inhalt verdient man also bei gleicher Klickzahl unterschiedlich viel.

Diese Fokussierung auf Abrufzahlen wird dabei automatisch zu einem Informationsfilter. Im Vordergrund stehen also nicht der Inhalt oder seine gesellschaftliche Relevanz, sondern ein für den Algorithmus optimiertes Setup, mit dem Ziel einer maximalen Werbe-Reichweite und eines hohen Einkommens für den Influencer. Die Form bestimmt den Inhalt. Was vor Jahren in klassischen Fernsehmedien mit einer Optimierung des Audienceflows begann, hat sich inzwischen zu einer eigenen Kunst entwickelt:

SEO, Channel-Optimierung, Traffic-Steuerung und Keyword-Auswahl bestimmen die Reichweite im Netz und somit die Sichtbarkeit der Information. All dies hat, wie gesagt, den zentralen Zweck, die Nutzerbindung und Verweildauer zu maximieren, denn sie sind die Basis des darunterliegenden Geschäftsmodells der Plattformen. So spielt auch die Intensität der Befüllung eine wichtige Rolle: Wer nur sporadisch einen Beitrag postet, wird vom Algorithmus zurückgestuft und landet irgendwann in der digitalen Unsichtbarkeit. Die kontinuierliche Befüllung erhöht hingegen die Reichweite. Aus diesem Zwang heraus verändert sich das inhaltliche Profil. Man postet nicht, weil man etwas zu sagen hat, sondern weil man etwas sagen muss. Mit automatischen Erinnerungen wird der User regelmäßig von der Plattform ermuntert noch aktiver zu sein. Die numerische Erfassung und Auswertung der Page Views, Likes, Reichweite, Engagements und Responsiveness heizt die Spirale der Erregung weiter an, und das System der Plattformen drückt dabei aufs Tempo. Alles muss schnell gehen und so fehlt die Zeit des Innehaltens, des Nachfragens und Formulierens. Interessanterweise fehlt bei alledem jede Spur von Transparenz: Google, Facebook und Co. lassen sich nicht in ihre Karten schauen und selbst die kommerziellen YouTuber und Influencer operieren in einem für sie intransparenten Raum. Statt bei der Einstufung und Bewertung ihrer Videos – hier geht es immerhin auch um Geld – mit nachvollziehbaren Kriterien, Fakten und Entscheidungen zu arbeiten, oder im Geflecht von YouTube mit verantwortlichen ›Redakteuren‹ zu kommunizieren, wird ihnen jede Entscheidung von YouTube als Ergebnis des ›Algorithmus‹ vermittelt. Hierdurch fehlt also im größten Video-Netzwerk der Welt eine Kultur von Verantwortung, Offenheit und Rechenschaft. Dieser Umstand ist absurd, da, wie jeder Fachmann weiß, jeder Algorithmus nie autonom ist, sondern präzise nach entsprechenden Vorgaben arbeitet. Bemerkenswert ist dabei, dass die Szene bislang nicht öffentlich protestiert, obwohl eine große

Zahl an YouTubern diese ›algorithmische‹ Abfertigung kritisiert. Was würde in der realen Arbeitswelt passieren, wenn Mitarbeiter ohne transparente Kriterien und Regeln nach fast willkürlichen Argumenten unterschiedlich entlohnt würden?

Die undurchschaubaren Algorithmen bestimmen dabei zunehmend den Inhalt selbst, doch bislang haben wir uns zu wenig mit den Konsequenzen dieser veränderten Grammatik befasst. Auch in der klassischen Medienwelt wurde der Inhalt als Köder für Werbung benutzt, doch dieses Zusammenspiel unterlag immerhin klaren Regeln. Werbung, Stellenanzeigen oder die Annoncen mussten gekennzeichnet werden und der journalistische Teil folgte einem klar formulierten Pressekodex: Darin waren Grundsätze wie Wahrhaftigkeit, Sorgfaltspflicht und die Trennung von Werbung und Redaktion formuliert. Dieses Agreement setzte den Freiraum für die journalistische Unabhängigkeit und Freiheit trotz kommerzieller Grundlage. Die Werbeeinnahmen finanzierten zwar die Recherchen, doch der redaktionelle Teil blieb davon weitgehend unbeeinflusst.

In der neuen Welt des Digitalen sind diese geschützten Informationsräume verschwunden. Die gefeierten ›Influencer‹ sind im Kern Meister der Schleichwerbung, denn genau hierin besteht ihr Businessmodell. Junge Frauen etwa begeistern sich für Schminkprodukte, testen Kleidermarken oder Schmuck und all das geschieht in inszenierter Beiläufigkeit. Hinter den schwachsinnigen Inhalten und ihrer bunten Belanglosigkeit mischen sich gezielte Werbeimpulse, doch es sieht – und darin liegt die Kunst – immer ›authentisch‹ aus. Was am Ende zählt, ist die Zahl der Follower, denn je größer die Gemeinde desto potenter die Werbewirkung in der ausgesuchten Zielgruppe. Damit das Ganze funktioniert, wird der Algorithmus daher möglichst optimal gefüttert. Der Inhalt wird also dem Medium angepasst, denn nur das was der Logik der Algorithmen entspricht hat eine Chance auf Reichweite. Der Inhalt wird also durch die kommerziellen Zielsetzungen des Algorithmus bestimmt und nicht nach den Kriterien einer gesellschaftlichen Relevanz. Genau das verbirgt sich hinter der neuen Erregungsbewirtschaftung. Player wie Google haben über Nacht das klassische Werbegeschäft übernommen und professionalisiert: Die Instrumente des Targeting, das präzise Herauskristallisieren und Ansprechen von Zielgruppen, die numerische Genauigkeit von Kampagnen, die Einbindung und gezielte Weiterleitung von Kaufimpulsen, die zeitnahe Evaluierung von Werbeaktivitäten, all das können klassische Medien nicht bieten. Der Nutzer selbst verrät sich über seine digitalen Aktivitäten und seine Daten beeinflussen am Ende die Informationsströme die er zu sehen bekommt. Diese Rückkopplung führt automatisch zur Isolierung und Profilierung des Einzelnen. Wie weit man beim Targeting inzwischen ist, zeigte sich in einem aufschlussreichen Experiment: Im Rahmen des ›Privacy Project‹ kaufte die *New York Times* gezielte Internet-Werbung. Aus einer Liste von 30.000 Attributen wurden 16 ausgewählt und somit gezielt Personen mit dem gewünschten Profil angesprochen. Doch statt einer Anzeige wurde dem jeweiligen Nutzer sein digitales Profil gespiegelt, so etwa: »Diese Werbung glaubt, dass du männlich bist, momentan deine Schulden abbezahlst, jedoch oft in Luxusläden einkaufst«. Die feine Granularität der Daten, die während der Nutzung erfasst werden und der Einsatz von prädiktiven Algorithmen erlauben, trotz scheinbarer Anonymität, die immer präzisere Ansprache des Einzelnen. Dieser ›Überwachungskapitalismus‹ ist das Kerngeschäft von Google. Die Vorhersage eines kommenden Konsumwunsches des Nutzers wird durch bessere Modelle immer genauer, und was momentan noch den Anschein einer reinen Beobachtung hat, kann leicht durch eingestreute Informationen zu einer aktiven Manipulation ausarten. Diese neuen intelligenten Medien informieren dann nicht mehr, sondern verändern und formen gezielt das Verhalten ihrer Nutzer. Was sich hier abzeichnet ist ein breitflächiger Angriff auf den freien Willen. Der Nutzer der Zukunft möchte nicht, er *wird gemöchtet*! Die konsequente Anwendung dieser Werkzeuge in der politischen Welt wäre das Ende der Demokratie.

Angesichts dieser intelligenten Ansprache zieht sich die Werbeindustrie aus dem klassischen Annoncen- und Werbegeschäft zurück und so passieren zwei Dinge. Google wird immer mächtiger und gleichzeitig löst sich der mediale Kontrahent, die freie Presse, auf. Die Zeitungs- und Zeitschriftenbranche verzeichnet einen dramatischen Rückgang ihrer Werbeeinnahmen und Auflagenzahlen. Größere Verlage sichern ihr Überleben mit neuen digitalen Geschäftsmodellen. Dabei entkoppeln sie das alte Annoncengeschäft und gründen kommerzielle Plattformen, Jobbörsen, Immobilienportale oder Nachrichtenaggregatoren, deren Algorithmen die individuellen Interessen der Nutzer widerspiegeln. In fast all diesen Modellen profitiert ebenfalls Google. Dieser Rückzug bedroht nicht nur die Existenz der gesamten klassischen Medienbranche, sondern auch die des kritischen Journalismus selbst. In der elektronischen Welt fehlen jedenfalls momentan belastbare Geschäftsmodelle für einen unabhängigen Journalismus.

An die Stelle des klassischen Journalismus tritt die digitale Erregungsbewirtschaftung. Interessant ist dabei in der momentanen Übergangsphase die Rückkopplung zwischen der alten und der neuen Medienwelt, denn die Kategorien des Netzes fließen zurück in die klassischen Medien. Hier tobt ohnehin ein erbitterter Existenzkampf um Auflagen und Quoten, und wir alle sind Zeugen einer immer hysterischeren Presse. Die ständigen Skandale, Erregungen und Sensationen sind wie ein letzter aufbäumender Versuch, sich im medialen Rauschen bemerkbar zu machen. Wenn ein Thema einmal viral wird, dann wird es in einer reaktiven Synchronität von allen aufgegriffen und weiter angeheizt. Hierbei wird mit den Normen des klassischen Journalismus gebrochen: In Nachrichtensendungen werden Berichte mit Musik unterlegt oder durch den Einsatz von Slow-Motion künstlich Stimmungen

erzeugt. Die mediale Sprache hat sich ebenfalls merklich aufge-
heizt. Nach Erscheinen des Rezo-Videos wurde ein Statement der
CDU-Vorsitzenden Annegret Kramp-Karrenbauer fast unverzüglich in klassischen Medien als Versuch einer Zensur ausgelegt und
nährte eine Folgewelle an Erregungen. Wer sich jedoch den genauen Wortlaut von ihr anhört, erkennt, dass es hier, ähnlich wie
in der analogen Welt, um die Frage nach Regeln im Netz geht. Für
eine Auslegung dieser Redepassage als Zensurversuch fehlt jede
Grundlage. In der Folge konnte man beobachten, wie ein Gewitter von Medienberichten ihr Statement aufgriff, uminterpretierte
und zum Brennstoff weiterer Erregungswellen umfunktionierte.
Medien produzieren immer häufiger Fallhöhen und ernähren
sich vom Drama einer dynamischen Auf- und Ab-Inszenierung:
Der Aufbau von Helden bringt genauso gute Quoten wie ihre an-
schließende Zerstörung. Das gilt verstärkt im Kontext digitaler
Plattformen. Auch ein Shitstorm erweist sich unter ökonomischer
Perspektive als lukratives Geschäft!

Diese Reaktivität dieses Medienraumes formt inzwischen nicht
nur den Influencer, sondern auch den Politiker selbst. So wie Influencer sich in der sonnigen Welt des Scheins inszenieren, so tun
es inzwischen auch unsere Volksvertreter: Pressetermine, Foto-
shootings und wohlplatzierte Tweets und Statements gehören
zum Tagesgeschäft. Entscheidend ist nicht der Inhalt, sondern
die Wirkung auf die Zielgruppe. Diese Prioritätenverschiebung
führt zu einer Entkopplung zwischen Medienwelt und Realität.
Die gefühlte Wahrheit ist wichtiger als Fakten, der empfundene
Wille des Wählers gewinnt, auch wenn dieser vielleicht nur ein re-
alitätsferner Wunsch ist. Wenn Politiker ein Thema auf die Agenda setzen, dann erfolgt zuvor reflexartig die Auslotung der medialen Wirkung. In der Folge beobachten wir, wie zunehmend die
politische Agenda vor allem von der medialen Wirkung bestimmt
wird und nicht von der inhaltlichen Notwendigkeit. Wie dramatisch diese Situation inzwischen ist, zeigt sich zum Beispiel am

absurden Einknicken der japanischen Regierung im Kontext der Gebärmutterhalskrebsimpfung. Die mediale Macht der japanischen Impfgegner führte zu einem Rückgang der Impfquote von 70 Prozent auf unter 1 Prozent!!

Diese Abhängigkeit von Politik und Medien erreicht im digitalen Kontext eine neue Qualität und das Virus der Erregungsbewirtschaftung überträgt sich auf die klassischen Medien: Wer in Talkshows kein gutes Bild abgibt, ist chancenlos und zwar auch dann, wenn er oder sie die besseren Argumente vorweist. Es kommt weniger darauf an, was man sagt, sondern *wie* man es tut. Der so wichtige Dialog um die Zukunft unserer Gesellschaft mutiert somit zu einer großen rhetorischen Kanonade. Emotionale Wirkung ist wichtiger als Sachkenntnis, einfache Phrasen schlagen jede differenzierte Betrachtung und Sichtbarkeit ist die Voraussetzung für das eigene Überleben. Es ist ein Spiel, bei dem die einzelnen politischen Kontrahenten Punkte sammeln, so wie Influencer ihre Follower zählen. Von manchem Minister höre ich Sätze wie »Die Debatte um das Thema x hat uns 4 Prozent bei den Zustimmungswerten gekostet«! Dabei fällt auf, wie die Essenz des Dialogs sich allmählich aufgelöst. Statt sich auf andere Argumente einzulassen und zuzuhören, statt die eigene Position durch die Perspektiven des Gegenübers zu erweitern, statt einer gemeinsamen Suche nach einem besseren Weg, prallen zementierte Standpunkte aufeinander. Die Haltung der Kontrahenten erfährt keinerlei Veränderung, man verlässt die Bühne mit denselben Ansichten wie man sie betreten hat.

Die Besetzung von Talkshows im Fernsehen forciert die Polarisierung und den Konflikt, jedoch nicht die Lösungsorientierung. Unter medialen Gesichtspunkten mag der inszenierte Schlagabtausch seinen Reiz haben, doch im Hinblick auf eine konstruktive Problemlösung sind solche Arenen ein Desaster. Wir haben uns inzwischen daran gewöhnt, wie Moderatoren in Momenten der Ruhe durch eingespielte Sequenzen das Feuer der Kontrahenten weiter anfachen, doch in der Sache bleibt, abgesehen vom Konflikt, nur selten Erhellendes zurück. Was in diesen Arenen abläuft setzt sich konsequent auf anderen Feldern fort: Giftige Tweets, provokante Attacken und Lagerkämpfe. Im Internet gibt es zudem nicht mehr die Notwendigkeit zum gemeinsamen Raum. Hier bilden sich abgeschlossene Echokammern, in denen jeder genau das hört, was er hören will. Die Räume selbst operieren isoliert voneinander, ohne gemeinsame Schnittmenge, ohne die Notwendigkeit einer Kompromisssuche und ohne differenzierte Auseinandersetzung mit anderen Sichten. Dieses führt zu einer Selbstverstärkung, da die eigenen Wahrheiten unangefochten, isoliert und ohne argumentative Überprüfung von allen anderen Mitgliedern der Echokammer unterstrichen werden.

Fassen wir zusammen: Die Digitalisierung hat in vielen Lebensbereichen zu einer Individualisierung geführt. Die Zeiten des ›one size fits all‹ sind vorbei. Autos werden per Konfigurator vom jeweiligen Kunden zusammengestellt, Smartphones werden durch ausgewählte Apps an die jeweiligen Bedürfnisse angepasst und die Werbeindustrie setzt, wie wir gesehen haben, auf die individuelle Ansprache und nutzt bei ihrem Targeting die zuvor von den Plattformen ermittelten Datenprofile der Nutzer. Selbst private Versicherungen beginnen mit neuen Modellen des *behavioral policy pricing*: Der einzelne Kunde wird nach seinen individuellen Lebensgewohnheiten eingestuft, der Standarttarif entfällt und damit auch der Solidargedanke vormaliger Versicherungen. Diese kommerziell forcierte Totalindividualisierung scheint ebenfalls unvereinbar mit dem bisherigen Konstrukt politischer Parteien. Doch was bedeutet dies für den zukünftigen demokratischen Diskurs? Wo findet sich in dieser Welt noch der Ort, wo Wesentliches gemeinsam diskutiert und verhandelt wird? Wie sieht eine Gesellschaft aus, in der ein klassischer und unabhängiger Journalismus ausgestorben ist und die Bürger lediglich in isolierten Informationsblasen nebeneinander leben?

Wo finden wir noch glaubwürdige Informationen, die sich nicht als kommerzielle Köder entpuppen? Besonnenheit, so die Definition, bezeichnet im Unterschied zur Impulsivität, die überlegte, selbstbeherrschte Gelassenheit, die besonders auch in schwierigen oder heiklen Situationen den Verstand die Oberhand behalten lässt, um vorschnelle und unüberlegte Entscheidungen oder Taten zu vermeiden. Diese Besonnenheit wünschen wir uns bei der Bewältigung der großen Herausforderungen, sei es dem Klimawandel, der Migration, der Neuordnung unserer Finanzwelt, der Armutsbekämpfung oder beim Umgang mit anderen relevanten Zukunftsfragen. Doch Besonnenheit hat keine Chance in einer explosiven kommerziell getriebenen Medienlandschaft, die den Gesetzen der Erregungsbewirtschaftung folgt, die jede Äußerung, jedes Argument, jeden Zukunftsgedanken sofort zum Anlass einer neuen Erregungskaskade umfunktioniert, ökonomisch ausschlachtet und in seiner Wirkung neutralisiert.

Es mag vielleicht übertrieben klingen, doch wir nähern uns einem *point of no return* denn das Monopol und die Marktgewalt der großen Internetkonzerne Google, Facebook, und Amazon haben inzwischen einen für unsere Demokratie kritischen Punkt erreicht. Von zentraler Bedeutung ist dabei, wie wir gesehen haben, das ökonomische Betriebssystem der digitalen Plattformen, denn es führt unweigerlich zu einer populistischen Erregungskultur, zerstört die Existenzgrundlage eines unabhängigen Journalismus und somit auch ein zentrales Instrument unserer Demokratie. Was sich hier anbahnt, ist eine ungeheure demokratische Entmündigung. Die Idee des freien Internets, die wunderbare Chance einer kooperativen Weltgemeinschaft und die Kultur des Teilens wird durch das immense Wachstum und den Einfluss der kommerziellen Internetplattformen erstickt. Es ist daher dringend an der Zeit die Spielregeln zu verändern. Noch ist dies möglich, doch die Chancen schwinden, denn das Ziel des Überwachungskapitalismus, wie Shoshana Zuboff ihn bezeichnet, ist nur die Kontrolle der Informationsflüsse, sondern die Kontrolle unserer Zukunft. Google und Co. sind zu Übermedien geworden. Es gilt daher, mit aller Konsequenz die genannten Konzerne mit einem Daten-Kartellrecht zu bezähmen und dort, wo es notwendig erscheint, sogar zu zerschlagen. Hierbei geht es nicht um blinde Stigmatisierung, nicht um pauschale Auftrennung in ›Gut und Böse‹. Die Mitarbeiter von Google und Co. sind keine Bösewichte, es liegt vielmehr in der Natur der digitalen Grammatik, dass solche Monopole überhaupt entstehen konnten. Sie sind das unvermeidliche Produkt aus der synergetischen Kombination kapitalistischer Spielregeln und digitaler Logik. Wir brauchen Transparenz und eine Offenlegungspflicht für die genannten Plattformen. Es kann nicht sein, dass diese bei ihrer Größe und Relevanz ohne demokratische Rechenschaftspflicht operieren. Dieser zugegeben drastische Schritt hat mit ihrer Systemrelevanz zu tun.

Weiterhin gilt es die finanziellen Grundlagen für einen unabhängigen Journalismus der Zukunft zu etablieren. Diese hat nichts mit einem ›Zurück in alte Zeiten‹ zu tun, sondern mit der Notwendigkeit eines funktionierenden unabhängigen Journalismus als Teil einer demokratischen Kultur. Hier gibt es mehrere Lösungsoptionen, so zum Beispiel, einen Teil der Plattformeinnahmen hierfür bereitzustellen und zwar für die Autoren selbst und nicht, wie momentan beim Urheberrecht angedacht, als Rückfluss in die Verlage. Das kommerzielle Influencing muss als Werbung klar gekennzeichnet werden, genauso das Targeting. Dass momentan öffentlich-rechtliche Gebührengelder in Portale wie Facebook oder YouTube fließen ist absurd, denn damit ernähren die Öffentlich-rechtlichen ausgerechnet das Raubtier, das sie zerstört!

Der Überwachungskapitalismus muss aufhören, denn der Einsatz seiner Überwachungsinstrumente bedroht die Menschenrechte auf der ganzen Welt. Sowohl Regierungen als auch Technologieunternehmen operieren momentan fast ohne Einschränkungen. Der Schutz unserer Datenströme ist technisch realisierbar und könnte somit neue Voraussetzungen für eine andere und bessere Medienkultur eröffnen. Die momentane Erregungsbewirtschaftung ist jedenfalls kein probates Mittel zur Lösung der wirklich großen Probleme. Die Generation Rezo hat uns alle ermahnt, doch für die Umsetzung der genannten Ziele braucht es ein Ende der Übermedien. Es gibt nicht nur ein ›*too big to fail*‹, hier gilt ›*too big to carry on*‹.

Juli Zeh

Die Realität der Fiktion.
Eine biografische Skizze zu Juli Zeh –
Vorbemerkung der Herausgeber

Im Juli des Jahres 2018 konnte man im Spiegel nachlesen, wie es um uns bestellt ist. Die Titelgeschichte des Magazins wurde mit der Zeile beworben »Es war einmal ein starkes Land«. Weiter hieß es: »Der Fußball und die Nationalelf waren schon oft ein Seismograph für die Lage des Landes – im Sommer 2018 erst recht«. Deutschland sei am Ende, fußballerisch, politisch, wirtschaftlich, so der Tenor des Artikels. Und deutlich werde, dass die Verfassung der deutschen Nationalmannschaft und die Verfassung des Landes mehr oder weniger identisch seien, der Fußball als ein Spiegelbild der deutschen Gesellschaft und Politik tauge. Überall regiere die Müdigkeit, die Erschöpfung, die Auszehrung. Beworben wurde die Analyse zum Ausscheiden aus dem Wettlauf um den WM-Pokal im täglichen Newsletter des Magazins mit den Worten: »Es wird dunkel bleiben, erst einmal«.

Wer dies las und dem Gang der Argumentation folgte, der wurde mit einer Zeitdiagnose von unfreiwilliger Komik konfrontiert; eine durchweg schräge, aber doch ganz ernst gemeinte Parodie auf das Genre der Gegenwartsdeutung war es, die man hier vorgesetzt bekam. Denn wohlgemerkt: Es ging darum, dass irgendwer ein paar Mal zu oft den Pfosten und nicht das Tor getroffen hatte; es ging um ein verlorenes Fußballspiel als Indiz der heran nahenden Apokalypse. Selbstverständlich muss man eine solche Ad-hoc-Interpretation der Verhältnisse nicht wirklich ernst nehmen. Aber vielleicht ist dieses Verrutschen von Relevanz und Proportion selbst ein Symptom, Ausdruck eines Verlusts der Kategorien, der Maßstäbe, die nötig wären, um zu begreifen, was gerade geschieht. Und tatsächlich: Was geschieht eigentlich, wenn wir jenseits der Schlagworte und der Schnell-schnell-Erklärungen verstehen wollen, was sich vollzieht? Ist es der Aufstieg des Populismus, der drohende Zerfall Europas, ist es die Digitalisierung und die Neuordnung der Kommunikationsverhältnisse, ist es die erlebbare Polarisierung? Was ereignet sich im Mittelmeer? Und wie hängt alles mit allem zusammen? Was passiert eigentlich – gerade im Moment – in der Tektonik ganzer Gesellschaften? Und wer könnte eine Deutung liefern, die in die Tiefe geht und sich nicht mit dem Mini-Drama eines verlorenen Fußballspiels aufhält?

Damit kommen wir zu Juli Zeh. Sie hat Jura studiert und im Völkerrecht promoviert. Sie hat überdies ein Studium am Deutschen Literaturinstitut in Leipzig absolviert. Gleich ihr literarisches Debüt, der 2001 veröffentlichte Roman *Adler und Engel* war ein Welterfolg und wurde in 31 Sprachen übersetzt. Es folgten weitere Romane, Sachbücher, Essays, Theaterstücke, Kurzgeschichten, Medienauftritte, Artikel für viele große Zeitungen. Ihr Gesellschaftsroman *Unterleuten* wurde für das ZDF verfilmt und als Theaterstück aufgeführt. Wenn wir richtig gezählt haben, dann hat Juli Zeh – neben anderen Auszeichnungen wie dem Bundesverdienstkreuz – bis zum heutigen Tag 25 Literaturpreise bekommen. Und auch ihr gesellschaftspolitisches Engagement fand und findet starke Beachtung. Sie hat 2008 Verfassungsbeschwerde gegen den biometrischen Reisepass eingereicht. Sie hat aus Anlass des Überwachungsskandals einen offenen, von knapp 70.000 Menschen unterzeichneten Brief an die Kanzlerin formuliert und den Entwurf einer Charta digitaler Grundrechte entscheidend geprägt. Sie ist 2017 in die SPD eingetreten, um gegen die herrschende Politikverachtung ein Signal zu setzen. Und sie gehört zu den Gründungsmitgliedern einer Bürgerbewegung zur automatisierten Verschlüsselung digitaler Kommunikation.

Es gibt jedoch – jenseits dieser Rahmendaten, die den publizistischen Erfolg und das zivilgesellschaftliche Engagement belegen – eine weithin unterschätzte Dimension dieses Riesenwerkes aus Büchern, Artikeln und Aktionen. Nicht ausreichend gewürdigt wird, dass Juli Zeh Gesellschafts- und Demokratietheorie mit literarischen Mitteln betreibt. Sie liefert Deutungen der Gegenwart, Szenarien der Demokratiefähigkeit, die in die Tiefe gehen. Ihre Bücher sind ästhetischer Genuss. Aber sie sind oft auch die sprachliche und geistige Form, um die Szenarien unserer politischen Existenz im Großen wie im Kleinen durchzuspielen. Diese Szenarien handeln vom Absturz, der allgemein menschlichen Lust an der Verfeindung, dem selbstverschuldeten Demokratie- und Freiheitsverlust, der raschen Ideologisierung, ganz gleich, ob diese Ideologisierung von Populisten, Kontroll- und Überwachungsspezialisten, von Gesundheitsgurus oder den Esoterikern von nebenan betrieben wird.

Was geschieht eigentlich gerade? Es sind die Bücher von Juli Zeh, die eine Antwort geben, auch die Romane. Sie erzählen auch davon, wie der Mensch mit seiner Freiheit und einem elementaren Sinnvakuum umgeht, mit dem Abschied von tradierten Identitäten, mit dem Abschied von Zwangssystemen religiöser, politischer oder institutioneller Art. Wie leben wir in einer liberalen Demokratie miteinander, wenn die Geländer des Selbstverständlichen wegbrechen, wenn Traditionen und Gruppenzugehörigkeiten keinen Halt mehr geben? Und wie viel Freiheit können wir anthropologisch aushalten? Ganz viel Freiheit oder eigentlich doch ziemlich wenig? Flüchten wir uns irgendwann – nach der großen »Epoche der Abschaffung« wie es in ihrem Roman *Corpus Delicti* heißt – in einer merkwürdigen Dialektik wieder in neue Ideologien, weil wir übersehen haben, »dass auf jede Abschaffung eine Neuschaffung folgen muss?« Regiert dann das nackte Eigeninteresse und nur noch die persönliche Perspektive, werden die Ersatzreligionen der Selbstoptimierung und des Konsums mächtiger, wird die Arbeit am Ich zur Dauerbeschäftigung, weil kein umfassender Sinn mehr herrscht? Oder gelingt es uns, die demokratische Idee – auch in diesen erregten Zeiten – wieder mit einem inneren Leuchten auszustatten? So dass wir sehen und erkennen: die demokratische Idee könnte die eigentliche Ersatzreligion für aufgeklärte, mündige Bürger sein, weil sie zwischen dem Eigeninteresse und dem Gemeinwohl vermittelt. Weil sie es ermöglicht, kollektive Wahrheiten zu erfinden. Weil sie es erlaubt, gemeinsam Luftschlösser zu bauen, die außerordentlich stabil sein könnten, stabil aufgrund unserer Entscheidung und Entschiedenheit.

Juli Zeh hat in ihrer Rede die geistigen Linien ihrer eigenen Demokratie- und Gesellschaftstheorie mit großer Klarheit ausgeführt und weiter entwickelt. Sie hat in Zeiten, in denen selbst ein verlorenes Fußballspiel als Anlass für Untergangsbehauptungen taugt, die Entscheidungsmächtigkeit des Einzelnen betont und – quer zu dem längst handelsüblichen Pessimismus der Gegenwartsdeutung – auf der (potenziellen) Autonomie dieses Einzelnen bestanden. Und sie hat bei all dem das Denken, Reden und Schreiben als ein Abenteuer erlebbar gemacht, als ein elektrisierendes Sich-Vortasten in noch unbekanntes Gelände, das eines braucht: den Mut zur umfassenden Betrachtung, das Wagnis der Synthese.

Juli Zeh

Das Turbo-Ich.
Der Mensch im Kommunikationszeitalter

Einst gab es den auktorialen Erzähler. Er saß am sprichwörtlichen Kamin oder Lagerfeuer und gab sich dem Erschaffen einer Geschichte hin. Vor dem geistigen Auge der Zuhörer errichtete er eine Welt, die man gemeinsam betrachten konnte, durch die man etwas über sich selbst und die Dinge, die einen umgaben, erfuhr. Diese Art des Erzählens erzeugt Gemeinsamkeit. Sie verbindet unterschiedliche Perspektiven, erneuert die Absprachen darüber, was Wirklichkeit bedeutet, ist eine stetige Rückversicherung darüber, was den Menschen ausmacht. Das Entstehen-Lassen einer Geschichte, die mehr ist als die Selbstdarstellung einer einzelnen Person, erzeugt Gewissheit, ein Gefühl von Sicherheit und Geborgenheit. Am Anfang war das Wort. Anders gesagt: der narrative Zugriff auf die Welt. Seit allem Anbeginn ist er die Grundlage der menschlichen Kultur.

Heute gilt: Am Anfang war das ICH.

Wenn aktuelle Debatten um den Zustand unserer Gesellschaft kreisen, wird nicht selten die Kommunikationstechnologie für die beobachteten Probleme verantwortlich gemacht. Der digitale Wandel, so die These, vollziehe sich in einem Fortschrittstempo, mit dem weder die einzelnen Bürger, noch die Gesellschaft im Ganzen mithalten könne. Nach dieser Betrachtung ist der ›Homo Digitalis‹ ein überreizter, überforderter, überbeschleunigter, kurz vorm Burnout stehender Informationskonsument, der sich schlingernd durch die unendlichen Weiten des Internets bewegt, während um ihn herum Schreckensmeldungen, Aufregungs-Hypes und Katzenvideos aufploppen. Das Internet, so wird geglaubt, hat uns die Stimmung versaut, es macht uns zu schlecht gelaunten Pulverfässern. Das Internet gilt als Empörungsraum, es erzeugt Shitstorms, verroht den Diskurs, annulliert Umgangsformen, schafft die Qualitätspresse ab. Im Jahr 2016 hat Sascha Lobo an dieser Stelle vom »Ende der Gesellschaft« durch Vernetzung gesprochen, und auch wenn er den Titel seines Vortrags nach eigener Aussage gar nicht so ernst gemeint hat, zeigt es doch, mit welch apokalyptischen Blickwinkeln selbst ausgewiesene Digitalitätsexperten jonglieren.

Was mir an solchen Analysen nicht gefällt, ist die Tatsache, dass sie technologischen Fortschritt wie eine Naturkatastrophe behandeln, die über die Menschheit hereinbricht. Die Gesellschaft wird nicht zum Urheber, sondern zum Opfer von technischem Fortschritt erklärt und darf sich fortan nach den Mustern erlernter Hilflosigkeit verhalten. Politiker legen mit traurigem Achselzucken die Hände in den Schoß und unternehmen keine ernsthaften Versuche, für die Fehlentwicklungen der technischen Revolution ein ausgleichendes Konzept zu entwickeln. In diesem Gestaltungsvakuum entwickeln sich die Technologie und ihre Nutzung dann eben nach den Gesetzen des ökonomischen Darwinismus. Das ist erstens ganz und gar nicht gut. Und zweitens geht es von falschen Prämissen aus. Es gibt ein schlichtes Zitat von Elfriede Hablé, das besagt: »Nicht die Welt macht diese Menschen, sondern diese Menschen machen die Welt«. Wenn wir also das Medienzeitalter verstehen wollen, müssen wir zuerst den Menschen dieses Zeitalters verstehen. *Er ist kein Produkt, sondern Schöpfer dieser Epoche.*

1. Conditio humana digitalis

Der moderne Mensch ist maßgeblich durch einen Parameter geprägt: die (fast) vollständige Befreiung von äußeren Zwängen. Ebenso gut könnte man sagen: durch den (fast) vollständigen Verlust von Bindungen. In den zurückliegenden zwei Jahrhunderten hat sich das Individuum in unseren Breitengraden erfolgreich von so ziemlich allem und jedem emanzipiert. Zuvörderst von der Religion. Dann vom Nationalstaat, von Vaterland und völkischer Identität. Von der patriarchalen Familie, vom Konzept des Berufs als Lebensaufgabe. Von politischen Ideologien und danach von politischen Weltbildern überhaupt. Von der Ehe als lebenslanger Bindung. An der Abschaffung der intimsten und vielleicht wichtigsten Gruppenzugehörigkeit der Menschen, nämlich der Geschlechteridentität, wird weiterhin unter Hochdruck gearbeitet. Es ließen sich noch unzählige weitere Beispiele finden. Das Prinzip ist klar: Die Befreiung des Individuums ist das Großprojekt der Moderne. Grundsätzlich ist Freiheit ja auch nach wie vor eine tolle Idee, und was da abgeschafft wurde (und wird) waren in der Hauptsache Unterdrückungssysteme oder kollektive Vorurteile, destruktive Ideologien oder Dogmatismen, also im Großen und Ganzen durchaus abschaffungswerte Dinge.

Trotzdem bin ich sicher, dass sich die Väter und Mütter der Aufklärung das Ganze im Ergebnis anders vorgestellt hätten. Was man vielleicht nicht oder zu spät bedacht hat, ist, dass der Mensch dringend, ja, lebensnotwendig eine Identität braucht, und dass Identität nur in Beziehung zu anderen Individuen entsteht, genauer gesagt, in *geregelten* Beziehungen zu anderen Individuen, also durch Gruppenzugehörigkeit. Ein Mensch muss wissen, wer er ist, wohin er gehört, auf welcher Grundlage er seine Meinungen bildet und seine Entscheidungen fällt. Diese Fragen konstituieren das Individuum, aber sie können nicht individuell beantwortet werden. Der Ursprungsglaube der Aufklärer, man müsse doch irgendwie nur seine Vernunft gebrauchen und fertig, ist zwar schön, aber nicht sehr realistisch. Zugehörigkeit ist also ein zentrales, ungemein starkes, archaisches Bedürfnis in jedem von uns. Zugehörigkeiten sind für den Geist das, was Kalorien für den Körper sind. In den verschiedenen Gruppen, zu denen wir traditionell gehörten, sei es Religion, Familie, Partei, oder Geschlecht, wurde die Wirklichkeit erzeugt, in der wir zu Hause waren. Denn als rein subjektive Angelegenheit ist Wirklichkeit ein äußerst wackliges Konzept.

Der Mensch lebt in seinen Zugehörigkeiten wie eine Schnecke in ihrem Haus. Wird das Haus zu klein oder beginnt zu bröckeln, fühlt sich der Mensch bedroht. Dann erscheint die Welt plötzlich groß und überbeschleunigt und hyper-komplex. Kein Wunder, denn Zugehörigkeiten sind auch die Grundlage für Urteilssysteme, also für die Möglichkeit, das auf den Einzelnen einstürzende Weltgeschehen nach ›relevant‹ und ›nicht relevant‹ zu sortieren. Zugehörigkeiten sind ein Filter, der die Welt auf ein erträgliches Maß reduziert. Also genau jene Arbeit leistet, die heute von algorithmischen Sortiermaschinen übernommen wird, welche mithilfe von ›Ego-Bubbles‹ verloren gegangene Ordnungssysteme ersetzen. Als der Mensch befreit wurde, streckte er nicht die Arme aus, drehte sich um sich selbst und jubelte zum Himmel hinauf: »Ich bin frei!« Sondern er ging auf die Suche. *Es ist absolut bezeichnend, wonach der befreite Mensch sofort zu suchen begann: nämlich nach sich selbst.* Selbstfindung, Selbstverwirklichung sind schon lange Volkssport. Menschen unternehmen Reisen, besuchen Seminare, kaufen Bücher, meditieren, klettern auf Berge, verausgaben sich im Beruf, um sich selbst zu spüren, um herauszufinden, wer sie

sind. Inzwischen heißt es vielleicht eher ›Achtsamkeit‹ als Selbstfindung, am Ende wird aber auch den ganzen Tag in sich hinein-
gehorcht und gewartet, ob da nicht jemand oder wenigstens etwas antwortet.

Da offenbart sich die tragische Seite der Befreiung: Wenn iden-
titätsstiftende Bindungen wegfallen, kommt das Ich-Gefühl ins
Wanken, und der Mensch beginnt panisch, in sich selbst herumzu-
graben. Das ist der Beginn eines fatalen Teufelskreises. Je mehr Aufmerksamkeit man auf sich selbst richtet, desto größer bläht sich das
Ego. Umso weniger ist man in der Lage, überhaupt noch echte Bindungen einzugehen – und weiß folglich umso weniger, wer man
wirklich ist. In der Folge schwinden weitere Zugehörigkeiten, simple Dinge wie Bindungen an einen bestimmten Ort, eine Stamm-
kneipe, einen Sportverein, und der Mensch kreist noch stärker um
sich selbst. Und immer so fort. Auf diese Weise ist er entstanden, der
Gegenstand meines heutigen Vortrags, der moderne Mensch in seinem verblüffenden Zuschnitt. Ich habe ihm einen Namen gegeben:
das Turbo-Ich. Eine psychologische Filter-Bubble, die hermetischer
ist als alles, was das Internet zu bieten hat.

Seit es die Philosophie gibt, existiert ein ausgiebiger erkennt-
nistheoretischer Diskurs darüber, ob es so etwas wie Objektivität
oder Realität im Sinne einer objektiv feststellbaren, von allen ge-
teilten Wirklichkeit überhaupt gibt. Oder ob es immer nur subjektive Perspektiven geben kann, eine kreierte Wirklichkeit, die
vom Einzelnen eher erfunden als erkannt wird. Heute scheint der
Streit darüber, ob Wirklichkeit objektiv oder subjektiv konstruiert wird, zumindest für den Moment beendet. Selbst die doch so
objektvititätsversesessene Physik hat mit der Quantenmechanik
einen Zweig hervorgebracht, in dem (scheinbar objektive) Mess-
ergebnisse von der Existenz eines (subjektiven) Beobachters ab-
hängen. Und spätestens seit dem Aufkommen von Digitalität ist
die Fragmentierung von Wirklichkeit wohl beschlossene Sache.
Von der ›Matrix‹ bis Facebook: Wir sind uns alle mehr oder weni-

ger einig, dass die Welt nicht das ist, was der Fall ist, sondern das, was das jeweilige Subjekt sich selbst erzählt.

Philosophisch, politisch, psychologisch, digital: Das menschliche Ich steht im Zentrum der Aufmerksamkeit. Von Politik, Medien und Werbung wird es ebenso umschwärmt wie von Biologie, Medizin und Neurowissenschaften. Nie zuvor hat das Ich so große Beachtung gefunden wie heute. Wir müssen uns das klarmachen: die Geburt, die eingehende Beschnupperung und schließlich grenzenlose Mästung des Ich in der heutigen Zeit ist ein geistesgeschichtlicher Umbruch, der schwerer wiegt als industrielle und digitale Revolution zusammen. Auf der einen Seite Befreiung, auf der anderen eine neue Fundamentalbelastung. Man stelle sich vor, welche Großanforderungen für jeden Einzelnen aus dem Ego-Trip resultieren! Sinn, Schicksal, Glück, Unglück, Liebe, Tod – das sind überlebensgroße Begriffe, mit denen die Menschen früher im Rahmen bestimmter Bezugssysteme umgegangen sind. Nicht der Einzelne war dafür zuständig, sondern eine (häufig religiöse) Institution. Das hat sich geändert. Übrig bleibt das Ich in gnadenloser Konfrontation mit sich selbst und mit der Welt.

Was für eine Überdehnung, was für eine grausame Überforderung!

So sind die Bedingungen. Das ist die ›Conditio humana‹ des Menschen im Medienzeitalter.

2. Das Turbo-Ich

Was also macht das mit dem Menschen? Wie lässt sich das Turbo-Ich prototypisch beschreiben?

Das Turbo-Ich ist durch drei Befindlichkeiten gekennzeichnet.

Das erste Merkmal ist das Gefühl von Bedürftigkeit.

Das zweite Merkmal: unablässiges Streben nach Aufmerksamkeit.

Drittens ein Empfinden von Hilflosigkeit und Verunsicherung, die Neigung zu irrationalen Ängsten.

Alle drei Eigenschaften ergeben sich logisch aus dem Wegfall von Zugehörigkeiten. Wer nicht weiß, wohin er gehört, empfindet einen permanenten Mangel. Er verwandelt sich in ein *Bedürfniswesen* und versucht, sich Dinge zuzuführen, die seine Verunsicherung mindern und den Mangel heilen. In Frage kommen Konsum, Selbstfindungsversuche oder das übertriebene Streben nach beruflichem Erfolg. Alle diese Ego-Trips sind volkswirtschaftlich sinnvoll, stehen also in schönstem Einklang mit den Parametern der Leistungsgesellschaft, weshalb bislang auch noch niemand ernsthaft versucht hat, etwas dagegen zu unternehmen.

Der zweite Charakterzug folgt aus dem ersten. Ein Bedürfniswesen erwartet immer und überall *Aufmerksamkeit*. Das Turbo-Ich hält die eigene Befindlichkeit, das persönliche Wohlergehen oder Glücksstreben für den Sinn des Lebens. Es fragt nicht danach, was es für die Welt tun kann, sondern wie man aus der Welt ein möglichst gültiges Glücksversprechen zieht. Glück oder wenigstens Zufriedenheit wird nicht als Ergebnis sozialer Balance, sondern als Ergebnis von erfolgreicher Bedürfnisbefriedigung betrachtet. Leider ist das ein großer Trugschluss. Man beobachte einmal Kinder, die Zuwendung suchen und stattdessen Produkte bekommen, z. B. Spielzeug oder etwas zu essen. Ihr Werben um Aufmerksamkeit wird immer schriller. So geht es auch dem Turbo-Ich. Es möchte ständig angesprochen werden und ›gemeint‹ sein. Es nutzt jede Möglichkeit, sich den Augen und Ohren der Welt zu präsentieren. Das bedeutet Stress pur. Das Turbo-Ich erschöpft sich selbst in einer Enttäuschungsspirale, denn natürlich werden weder seine Bedürftigkeit noch sein Aufmerksamkeitsstreben von der Welt in adäquater Weise beantwortet.

Nicht nur aus diesem Grund, also aus der Erfahrung einer Dauerenttäuschung, ist das Turbo-Ich ein genuines *Angstwesen*. Hinzu kommt ein weiterer, bereits erwähnter Umstand: Ohne

Väter, Führer, Götter, Priester steht jeder Einzelne seinem Schicksal allein gegenüber. In Zeiten immer weiter verflachter Hierarchien ist der Mensch komplett für sich selbst verantwortlich. Er allein – so glaubt er – entscheidet über Glück oder Unglück, Gelingen oder Misserfolg. »Jeder ist seines Glückes Schmied« – dieser Satz ist zugleich Segen und Fluch. In der Welt- und Selbstsicht des Turbo-Ich kann jeder Schritt ein fataler Fehler sein. Man kann den falschen Beruf wählen, die falsche Frau heiraten, die falschen Freunde haben. Überall kann man versagen, auf der Arbeit, in der Liebe, beim Sex, beim Sport. Das ist die Kehrseite einer Freiheit, die sich vor allem als Bindungslosigkeit realisiert: überschießende Versagensängste, die den Menschen zu einem Angstwesen und damit zu einem Getriebenen machen.

Führt man sich diese innere Aufstellung des modernen Menschen vor Augen, erklären sich viele Phänomene, die wir an uns und unseren Zeitgenossen beobachten, ganz von selbst. Die erwähnte Gereiztheit. Das Entwickeln von Stresssyndromen wie Burnout oder von psychosomatischen Beschwerden. Die Angstneigung, die sich unter anderem in neu erwachender Fremdenfeindlichkeit zeigt, aber auch in der Empfänglichkeit für Horrorszenarien, die von Medien und Politik bereitwillig zur Verfügung gestellt werden. Das Interesse an Verschwörungstheorien, die im Internet grassieren. Ebenso ein Hang zu zwanghafter Selbstoptimierung. Überflüssig zu sagen, dass auch an dieser Stelle für maximale ökonomische Verwertbarkeit gesorgt ist. Der Markt mit Selbstverbesserungsprodukten aus den Bereichen Ernährung, Gesundheit, Schönheit oder Leistungsfähigkeit boomt seit Langem wie verrückt.

Bedürftigkeitswesen, Aufmerksamkeitswesen, Angstwesen: Was uns am Ende der Aufklärung entgegentritt, gleicht weniger einem mündigen Bürger als einem verunsicherten Kind. Das Turbo-Ich ist prototypisch ein infantiles Wesen. *Der Ausgang aus einer Unmündigkeit, die sich aus Fremdbestimmung ergab, wird zum Eingang in eine neue Unmündigkeit als Folge fehlgeleiteter Selbstbestimmung.*

3. Das Turbo-Ich und die Welt

Wie also sieht die Welt aus, die vom Turbo-Ich hervorgebracht wird? Was macht die Turbo-Subjektivität mit unserer Lebenswirklichkeit? Ein Hauptproblem der egozentrierten Mentalität besteht darin, dass sie mit der Grundidee von Demokratie schlecht vereinbar ist. Demokratie setzt auf den mündigen Bürger, das Turbo-Ich fühlt und verhält sich infantil. Demokratie braucht das Miteinander, Turbo-Ichs konzentrieren sich auf das Anschwellen der eigenen Person. Demokratie setzt als Bindeglied zwischen Staat und Bürger auf das Wahlrecht, Turbo-Ichs wissen mit dem Wahlrecht immer weniger anzufangen. Der egozentrierte Bürger liest Parteiprogramme wie Speisekarten und ist fürchterlich enttäuscht, wenn ihm nicht alles schmeckt. Aus der kindlichen Sicht eines Turbo-Ichs ist Demokratie eine Art Kümmerungsmaschine. Ein ganzes System mit »Mutti« an der Spitze, das dafür zu sorgen hat, dass es dem Einzelnen gut geht. Wenn das nicht gelingt und die Politik nicht alle Bedürfnisse adressiert, ist das Turbo-Ich schnell politikverdrossen. Die Idee, dass Demokratie vor allem Teilhabe bedeutet, dass es also um die Möglichkeit geht, sich einzubringen und zu engagieren, wenn man etwas erreichen will, ist für das Turbo-Ich schwer verständlich. Denn das würde ja bedeuten, dass man etwas machen muss, anstatt etwas zu bekommen. Entsprechend präsentiert sich der zeitgenössische Bürger als eine Art Politikkonsument, der ständig das Gefühl hat, für sein Geld (Steuerzahlungen) nichts Rechtes zu kriegen und darüber in Frustration gerät.

Die Schere, die sich in unserer Gesellschaft auf besorgniserregende Weise immer weiter auftut, ist nicht vor allem die zwischen arm und reich, sondern die zwischen Selbstverständnis und Staatsform. Viele schwerwiegende Fehlentwicklungen sind Folge dieses Auseinanderklaffens, anders gesagt, Folge einer tiefgreifenden Identitätskrise: Politikverachtung. Die Erfolge der

AfD. Rückzug der Bürger ins Private. Schwächelnde Demokratien nicht nur bei uns, sondern in der gesamten westlichen Hemisphäre. Macht-Feudalismus in der digitalen Sphäre und der komplett fehlende Widerstand dagegen. Überschießende Ängste, wachsende Aggressivität, wachsender Rassismus. Eine neue Attraktivität von autoritären Denkmustern und Leitfiguren. Verlust der guten Manieren nicht nur im Internet. Menschen, denen es objektiv unfassbar gut und subjektiv ziemlich schlecht geht. Leider haben sich Politik und Medien entschlossen, diesem Trend nichts entgegenzusetzen, sondern lieber zu versuchen, ihn im Rahmen der florierenden Aufmerksamkeitsökonomie für sich zu nutzen. Das Turbo-Ich-Syndrom bewirkt Veränderungen in den Bereichen Politik, Medien und digitale Sphäre, und diese Veränderungen wirken wiederum verstärkend auf das Turbo-Ich zurück. Ein Teufelskreis, den ich in den drei genannten Segmenten (Medien, Politik, Digitalität) noch mal gesondert in Kürze beleuchten möchte.

4.1 Medien

Seit vielen Jahren drehen sich medientheoretische Beiträge vor allem um die Krise des Journalismus. Sinkende Auflagen, schrumpfende Anzeigenvolumen. Dabei fällt auf, dass immer wieder das gleiche Heilmittel empfohlen wird. Nämlich ›Haltung‹. Durch ›Haltung‹ hofft man, sich vom Internet absetzen zu können. Die Journalisten sollen als ›Persönlichkeiten‹ auftreten. Sie sollen Felsen in der Ereignis-Brandung und Leuchtfeuer im Informationsdschungel sein. Individuell, unterscheidbar, kein ›Mainstream-Journalismus‹. Was dabei herauskommt, ist keineswegs die angestrebte Abgrenzung vom Internet. Es ist etwas, das ich *Selfie-Journalismus* nennen möchte. Journalisten machen geistige Fotos von sich selbst, von ihren Meinungen, Haltungen, Befindlichkeiten, sogar von ihren privaten Erlebnissen, und veröffentlichen diese Abbilder in den Qualitätsmedien. Als handelte es sich bei Selbstbespiegelung um relevante Berichterstattung. Auch der Journalist war gewissermaßen einmal als auktorialer Erzähler gedacht, als jemand, der die Welt unabhängig von der eigenen Person beschreibt und der Gemeinschaft aller Leser und Zuhörer auf diese Weise eine Erkenntnisgrundlage verschafft. Aber: »Es war einmal«. Heute erzählen auch Journalisten lieber von sich selbst.

So werden aus Nachrichten Kommentare, aus Kommentaren Glossen und aus Glossen Blogs. Mit anderen Worten: Die Presse grenzt sich nicht vom Internet ab, sondern versucht, sich in ein gedrucktes Internet zu verwandeln. Grundlage des Selfie-Journalismus ist das TKKG-Prinzip: Man baut Journalisten zu wiedererkennbaren Marken auf, die wie Tarzan, Karl, Klößchen und Gabi jeweils für einen bestimmten Prototypus stehen. Georg Diez, Ronja von Rönne, Sascha Lobo, Harald Martenstein, Jakob Augstein, Stefan Niggemeier, Maxim Biller, Margarete Stokowski, Jan Fleischhauer, Heribert Prantl und so weiter, und so weiter – all das sind Namen, denen Sie sofort ein bestimmtes Markenprofil zuordnen können. Der Linke, der Rechte, die Feministin, der Zyniker, der Mahner, etc.

Guck mal, wer da spricht: Das ist radikal subjektiver Journalismus als Antwort auf die radikale Subjektivität des Turbo-Ichs. Sogar auf den ersten Seiten großer Tageszeitungen muss man echte Nachrichten inzwischen mit der Lupe suchen. Als wäre in unserer heutigen Welt für das, was passiert, überhaupt kein Platz mehr. Nur noch für das, was darüber gedacht, befürchtet, gehofft, gemeint wird. Wohlbemerkt ist das kein schleichender Wandel, sondern ein strategischer Prozess, der mit Feuereifer vorangetrieben wird. Eine junge Journalistin, nennen wir sie Linda, erzählte mir, wie sie von ihren vorgesetzten Redakteuren dazu angehalten wird, die Texte immer persönlicher zu gestalten. »Mach da mal mehr Linda rein«, lautet die Standard-Anweisung, mit der sie die Beiträge zurück auf den Tisch bekommt. Auf den ersten Blick hat der Selfie-Journalismus ja auch große Vorteile. Das Geld ist knapp, und ›Meinen‹ ist billig. Man muss nirgendwo hinfahren, kann schön am Schreibtisch sitzen bleiben und kriegt die Zeitung trotzdem voll. Abgesehen davon belohnen die Leser den Selfie-Journalismus mit Aufmerksamkeit. Im Internet erhalten TKKG-förmige Beiträge eine Menge Klicks, die Kommentarspalten darunter sind kilometerlang. Ein Erfolgsmodell?

Ich glaube, dass es sich dabei um einen gefährlichen Trugschluss handelt. Journalismus braucht einen gesellschaftlichen Auftrag und das entsprechende Selbstverständnis – andernfalls schafft er sich selbst ab. In einer Demokratie ist die journalistische ›Haltung‹, nach der jetzt ständig gerufen wird, ganz klar definiert: objektiv, neutral, unbestechlich. Das ist das Gegenteil von Selfie-Journalismus. Hier läge das wahre Abgrenzungspotenzial zum Internet: im strikten Wahren von Objektivität, nicht im Aufbau immer neuer Blogger-Persönlichkeiten. Der Verlust von Respekt und Achtung in diesem Land ist ein riesiges Problem, zwischen Einzelmenschen, aber auch und vor allem gegenüber Institutionen, gegenüber der Presse, der Politik, dem Parlament, der ganzen Demokratie. Seit Jahr und Tag kratzt man sich am Kopf und fragt sich, woher so viel Missachtung und Unzufriedenheit inmitten von blühenden Landschaften eigentlich kommt. Hier ist die Antwort: Respekt braucht Objektivität. Also das Verschwinden des Ich hinter einem bestimmten Auftrag, einer Funktion. Wer sich öffentlich entblößt – und Zeitung und Internet sind öffentliche Orte – verliert die Achtung vor sich selbst und die Achtung der anderen. Das Gleiche gilt in schwächerer Form für jeden, der der Entblößung lustvoll zusieht.

Ich will keine Schreihälse in Schutz nehmen, die von ›Lügenpresse‹ und ›Meinungsterror‹ schwadronieren. Aber ich kann schon verstehen, warum die Orientierungslosigkeit wächst, wenn den Bürgern keine weitestmöglich objektivierte Weltbeschreibung mehr gegenübersteht, sondern nur ein Heer von tendenziell kindischen Meinungsträgern. Es ist nicht leicht, Journalisten ernst zu nehmen, die sich nicht wie würdige Vertreter eines gesellschaftlichen Auftrags verhalten, sondern wie Mitglieder von TKKG. Sie prangern ›postfaktisches‹ Verhalten von Politikern an, während sie selbst einen Kommentar nach dem anderen schreiben und den Lesern auf diese Weise vermitteln, es käme auf Tatsachen doch sowieso nicht mehr an, viel wichtiger und interessanter sei doch die Frage, wie man etwas findet. Der Verlust von Neutralität im Journalismus bringt die letzten Bastionen von Zugehörigkeit zum Verschwinden. Nur gemeinsam geteilte Tatsachen taugen als Erkenntnisgrundlage und wirken somit identitätsstiftend – für Meinungen gilt das nicht. Um einen Haufen vorgefertigter Meinungen kann man sich nicht versammeln wie um ein Lagerfeuer, es sei denn zum gemeinsamen Aufregen und Ablästern. Meinungen fragmentieren die Wirklichkeit immer stärker, statt eine gemeinsame Absprache über das So-Sein der Dinge vorzubereiten. Den Bürgern wird alles vorgekaut, sie werden daran gewöhnt, vorgefertigte Meinungen abzulehnen oder anzunehmen, statt sich eigene Ansichten über die Welt zu bilden. Auf diese Weise erschlafft die ›Meinungsmuskulatur‹ im Volk. Entweder ziehen sich die Bürger von der Politik zurück. Oder sie radikalisieren sich und setzen dem Meinungskonzert stark vereinfachte Wirklichkeitsbeschreibungen entgegen. Leider sind diese dann meist autoritär oder sogar rassistisch geprägt.

Ein unangenehmer Nebeneffekt des Selfie-Journalismus ist auch die tiefe Schwärze der journalistischen Weltdarstellung. Denn eins haben sämtliche ›Haltungen‹ gemeinsam, die der Selfie-Journalismus entwickelt, ganz egal, ob links, rechts, feministisch oder netz-affin: ›Kritisch‹ muss man sein. ›Kritisches Bewusstsein‹ verschafft der Meinung überhaupt erst ihre Existenzberechtigung. Leider wird ›Kritik‹ dabei nicht im Kant'schen Sinn verstanden. Die ›Kritik‹ des Selfie-Journalisten besteht vielmehr im ›Anprangern‹ echter oder vermeintlicher Missstände. Da aber, gerade in diesem Land, viel weniger Missstände als Selfie-Journalisten vorhanden sind, geht ›Kritik‹ häufig in bloßes Sich-Beschweren über. Die Welt wird zu einem Ort, an dem alles schief läuft, von der großen Politik bis hinein in kleine Alltagsepisoden. Jede Unstimmigkeit wird zum Aufreger, jeder Wetterbericht zur Katastrophenberichterstattung. Da treffen sich Faust und Auge – die Unzufriedenheit der Turbo-Ich-Massen spiegelt sich im anklagenden Tonfall der ›meinungsstarken‹ Journalisten. So entsteht eine geschlossene Wahrnehmungsoberfläche, die den Menschen suggeriert, dass tatsächlich alles scheiße läuft. Dass die Politik ein Sündenpfuhl ist, die Welt ein Moloch, die Demokratie am Ende. Da muss es eigentlich nicht weiter wundern, dass die Dauerbeschallung mit ›Meinungen‹ in schrillen Tönen aus der extremen Ecke zurückkommt.

4.2 Politik

In der Politik gibt es denselben Trend. Politiker wollen sich unter der Flagge von ›Bürgernähe‹ oder ›Authentizität‹ als ›echte Menschen‹ präsentieren und vernichten dabei die eigene Glaubwürdigkeit und Autorität. Die Medien beteiligen sich mit Feuereifer an dieser Demontage, denn die Konsumenten honorieren das wiederum mit Aufmerksamkeit. Leider folgt auch hier auf den kurzen Kick der lang anhaltende Ekel. Vielleicht ist es für einen Moment interessant, welche Kleidergröße Andrea Nahles trägt, was Ursula von der Leyen bei IKEA kauft und wie es zwischen Heiko Maas und Natalia Wörner gerade läuft. Gleich darauf aber folgt die Fundamentalenttäuschung darüber, dass es auch auf dem politischen Olymp keine Götter mehr gibt, sondern nur noch stinknormale Menschen. Also nichts, woran wir glauben können, nichts, das überindividuelle Gültigkeit behauptet, nichts, das uns verbindet. Die Politik ignoriert diesen Zusammenhang und arbeitet weiter an ›Augenhöhe‹, die nichts weiter ist als eine Kniebeuge vor dem Wahlvolk, mit anderen Worten, ein Glaubwürdigkeitsverlust. Das zeitgenössische Demokratieverständnis degradiert die Politiker zu Dienstleistern und die Bürger zu Kunden. ›Service‹ ist alles. Ständig wird mit ›dem Steuerzahler‹, ›dem Wähler‹ oder auch ›den Menschen im Land‹ argumentiert, wahlweise auch mit ›der Krankenschwester‹ oder ›dem Feuerwehrmann‹. Was sie verstehen oder nicht verstehen, worauf es ihnen ankommt, was sie brauchen, ob sie gerade enttäuscht sind oder nicht, wie ihre Stimmung ist. Besorgt steht die Politik am Bett des Bürgers und fühlt ihm sanft die Stirn.

Kein Wunder, dass sich der Einzelne nicht mehr als Teil eines großen Wahlvolks fühlt, sondern als Ein-Mann-Volkssouverän, als Bedürfnisdespot, als Politikkonsument, den es zufrieden zu stellen gilt. Der Nutzen von politischer Inszenierung wird überhaupt nicht mehr verstanden. Warum soll sich ein Minister im dicken Mercedes herumfahren lassen, wenn er auch mit dem Fahrrad zur Arbeit kommen kann? Warum soll der oder die sich für ›etwas Besseres‹ halten dürfen, wenn doch ›Ich‹ am wichtigsten bin? Die gefährliche Folgefrage lautet: Warum sollten wir uns von jemandem regieren lassen, der genauso schwach, dumm, fehlerhaft und verletzlich ist wie wir selbst? Gerade aus rechten Kreisen wird diese Frage nun immer lauter gestellt. Die Trennung von Öffentlichem und Privatem ist eine Form von medialer Hygiene, die nicht nur den einzelnen Politiker, sondern das ganze System schützt. Leider wird diese simple Erkenntnis heute auf dem Altar der Aufmerksamkeitsökonomie geopfert. Ein Medientheoretiker, den Sie hier alle kennen, schreibt in seinem neuen Buch: »(Die Politiker) twittern ihren Gedanken- und Bewusstseinsstrom; sie dokumentieren ihren Alltag durch Postings, Fotos und Filme und offenbaren mitunter auch Privates, Peinliches und Intimes im Tausch gegen eine Form von Publizität, die sie menschlicher, normaler und nahbarer erscheinen lassen soll«. Diese pervertierte Form von ›Transparenz‹

ist übrigens keine technologische Zwangsläufigkeit. Es gibt prominente Gegenbeispiele. Allen voran Angela Merkel, die ›Ich‹ und Funktion so erfolgreich trennt, dass sie von der Öffentlichkeit seit Jahren als eine Art Rätsel wahrgenommen wird. Ihrer Beliebtheit hat das keinen Abbruch getan, im Gegenteil. Es ist eben gerade nicht so, dass Politik ›heutzutage‹ gar nicht anders ginge. Hinter dem Umgang mit Technologie steckt immer eine Entscheidung. Wer sich als Politiker in ein Turbo-Ich verwandelt, tut das freiwillig und nicht gezwungenermaßen. Die wichtige Erkenntnis aus diesen Beobachtungen lautet: So sehr sich die Turbo-Ichs unserer Zeit nach menschlicher Nähe sehnen, so gefährlich ist die Inszenierung von Nähe im öffentlichen Raum. Anders als in privaten Beziehungen führt Ich-Sein in der Öffentlichkeit nicht zu Liebe und Respekt, sondern zu Verachtung und Hass.

4.3 Digitale Sphäre

Wenn Datenschützer nachts wach liegen, fragen sie sich, warum sie so allein sind. Warum sind sie nicht Teil einer marschierenden Masse, die von Demonstration zu Demonstration zieht, um die Verteidigung der Bürgerrechte einzufordern? Wir hatten Edward Snowden. Wir hatten Cambridge Analytica. Wir hatten unzählige Fälle, die beweisen, welche Gefahren ungebremste Datensammelei birgt, für das Leben Einzelner und die gesamte Gesellschaft. Dennoch tut keiner was. Die Politik scheint das Problem noch immer nicht zu verstehen; auch im neuen Koalitionsvertrag ist ›Digitalisierung‹ eher eine Sache der Wirtschaftsförderung als des Rechtsschutzes. Und die User surfen ungebremst nach Herzenslust, legen ihr Leben auf Facebook offen, verschicken unverschlüsselte E-Mails, setzen ihr Häkchen neben jede noch so dreiste ›Datenschutzbestimmung‹ und besitzen zu allem Überfluss noch eine Paybackkarte. Es wird viel darüber spekuliert, warum sich in der digitalen Sphäre kein Widerstand formiert. Die meisten gehen davon aus, die Materie sei zu neu, zu abstrakt oder zu komplex. Ich glaube, dass ein anderer Punkt entscheidend ist.

Eine der zentralen Fähigkeiten von digitalen Technologien besteht in der Möglichkeit zur quasi grenzenlosen Individualisierung. Durch das Verknüpfen von Merkmalen entstehen immer präzisere Abbilder von Sachverhalten oder Personen, die dann in die Zukunft verlängert werden, um künftige Entwicklungen oder künftiges Verhalten vorhersagen zu können. Das Individuum rückt als Merkmalsträger in den Blickpunkt. Außerhalb des Netzes steht der Mensch im Normalfall einer Welt gegenüber, die sich begrenzt für ihn interessiert. Politisch betrachtet ist er nur einer von achtzig Millionen Bundesbürgern, seine Bedürfnisse gehen in der Masse auf. Die Zeitungen sind nicht für ihn persönlich geschrieben, und selbst konventionelle Werbung erfasst ihn nur als Teil einer Zielgruppe und nicht als konkrete Zielperson. Ganz anders im Netz! Da wird er persönlich betrachtet, persönlich angesprochen, persönlich ausgespäht, persönlich mit Informationen versorgt. Facebook, Instagram, Twitter sind Dienste für Ich-Sender, für Menschen, die plötzlich mit ihrer Individualität im Mittelpunkt des Universums stehen. Die Werbung ist personalisiert, Pressemeldungen werden für jeden Einzelnen vorsortiert, das Informationsangebot folgt dem persönlichen Interesse. Die Arbeit der Algorithmen sorgt dafür, dass die digitale Welt jedes einzelne Ich von allen Seiten zurückspiegelt. Das Internet ist eine Ich-Maschine. Der größte Narzissmus-Generator der Welt.

Der Mensch bekommt also etwas im Internet. Nicht nur kostenlose Dienstleistungen bzw. *convenience*. Es geht um etwas viel Wichtigeres: um Gesehen-Werden, Gemeint-Sein und (scheinbares) Dazu-Gehören. Die Ansprache im Netz ist eine gigantische Ersatzbefriedigung für die von allen Bindungen verlassenen Turbo-Ichs. Das hat eine psychologisch-transzendentale, man könnte fast sagen, spirituelle und damit absolut existenzielle Dimension.

Die Subjekt-Werdung des Menschen mit anschließender Total-Subjektivierung ist eine geistesgeschichtliche Lawine. Das Turbo-Ich hat die Welt und natürlich auch das Netz nach seinem Bilde geformt. Warum sollte es sich jetzt dagegen wehren?

Nichts am Internet müsste so sein, wie es ist. Es müsste keine sozialen Medien geben. Datensammeln könnte ebenso wie das Kopieren von Inhalten technisch unmöglich sein. Kein Zeitungsartikel braucht zwingend notwendig eine Kommentarspalte. Es müsste keine Filter-Bubbles geben, keine Echokammern, keine vorsortierten Inhalte. Stattdessen wäre eine völlig andere Struktur von digitalen Inhalten denkbar, eine, die sich eher am Prinzip von Wikipedia orientiert, bei der es nicht um Selbstdarstellung, sondern um kollektive Weltdarstellung geht. Wo die beitragenden Personen hinter den Beiträgen verschwinden. Wo versucht wird, durch das Aufsummieren von Subjektivitäten eine neue Form von Objektivität zu erreichen. In den Anfängen des Internets gab es viele Menschen, unter anderem mich, die sich genau das erhofften. Aber das ›Prinzip Wikipedia‹ ist im Netz schon lang vom ›Prinzip Facebook‹ beiseite gedrängt worden. Der Grund dafür, dass die digitale Sphäre heute so ist, wie wir sie kennen, besteht nicht in irgendwelchen Zwangsläufigkeiten von technologischem Fortschritt. Sondern darin, dass Selbstdarstellung und persönliche Bedürfnisbefriedigung in allen Spielarten am häufigsten nachgefragt werden. Anders gesagt: Der wahre Grund für die politische Passivität in digitalen Fragen liegt darin, dass die digitale Sphäre den Internetbürgern so, wie sie ist, am allerbesten gefällt.

Die Effekte sind fatal. Es gibt nämlich einen paradoxen Mechanismus, der in der digitalen Sphäre dramatische Kraft entfaltet: Die Überbetonung des Subjektiven führt nicht zu ausgeprägterem Individualismus, sondern im Gegenteil zu anwachsender Konformität. Was auf den ersten Blick widersprüchlich erscheinen mag, ist bei näherer Betrachtung ganz logisch. Das Turbo-Ich wird von der Sehnsucht nach Identität, also nach Zugehörigkeit bestimmt.

Wer dazugehören will, ist anpassungsbereit. Im Internet gerät der Einzelne in eine Beurteilungsmaschinerie, in der jeder seiner Sätze, jedes gepostete Foto und jeder geteilte Link über Geliebt-Werden oder Shitstorm entscheiden kann. Gruppenzwang als Massenphänomen. In China entsteht mit dem ›Social Credit System‹ eine Rating Agentur, die jeden einzelnen Bürger mit einem Reputations-Koeffizienten versieht, also seinen sozialen Wert, seinen Wert als Mensch, durch eine algorithmische Beurteilung seines Gesamtverhaltens festlegt. Das klingt wie dystopische Science Fiction, ist es aber nicht. Das ›Rating‹ von Menschen war übrigens auch die Geburtsstunde von Facebook: Der Harvard-Student Mark Zuckerberg stellte Fotos von Kommilitonen ins Netz und forderte die Öffentlichkeit auf, das Aussehen dieser Menschen zu bewerten. Egal, ob der einzelne User darüber nachdenkt oder nicht: Wer sich in der digitalen Sphäre bewegt, spürt den Bewertungsdruck mindestens als Hintergrundrauschen, wenn nicht schon als schrillen Imperativ. In diesem Sinn ist die digitale Sphäre wie ein gigantischer Hausmeister, der den Menschen beibringt, dass jeder kleine Fehltritt einen sozialen Rausschmiss nach sich ziehen kann. Eigene Abweichungen gilt es zu unterdrücken, die von anderen hart zu bestrafen. Hier beginnt ein bedrohlicher Teufelskreis. Denn wenn die Toleranz gegenüber Abweichungen schwindet, wächst automatisch das Bedrohungsgefühl des Einzelnen. Man weiß und erlebt immer wieder, wie schnell jeder *ausgescort*, *weggeratet*, *downgegradet* werden kann. Die Schein-Zugehörigkeiten der digitalen Welt sind eben nicht dasselbe wie die Bindungen innerhalb einer Familie, Glaubensgemeinschaft oder Partei. Freundeslisten sind definitiv nicht ›dicker als Wasser‹.

Wachsender Konformismus, wachsende Bedrohungsgefühle, wachsende Abneigung gegen Abweichung und schwindende Toleranz: Das klingt wie ein Rezept zur Herstellung von Rechtsradikalität, und vielleicht ist es das auch. Die derzeitige Entwicklung der politischen Sphäre stützt diese traurige These.

5. Fazit: Turbo-Ich und Demokratie

Meine Damen und Herren, beim Sprechen über das Turbo-Ich bin ich immer wieder beim Thema Rechtspopulismus gelandet, und das ist kein Zufall. Was steckt denn hinter der Angst vor Überfremdung und ›Umvolkung‹, mit der man zurzeit so leicht auf Stimmenfang gehen kann? Ganz klar: Ein übersteigertes Bedürfnis nach Grenzen. Es ist Ausdruck jenes Identitätsverlusts, den ich heute unter dem Etikett ›Turbo-Ich‹ so ausführlich beschrieben habe. Kinder brauchen Grenzen, um ihre Identität zu konstituieren. Turbo-Ichs brauchen Grenzen, um verlorene Identität zurückzugewinnen. Die ›Grenze‹ ist die Antwort auf eine infantile Persönlichkeitsstruktur. Fragen Sie mal Horst Seehofer.

Sollte diese These stimmen, nämlich dass Rechtspopulismus etwas mit der Grenzenlosigkeit oder Entgrenzung des übersteuerten Ichs zu tun hat, dann wird es nichts nützen, immer wieder zu beteuern, dass Migranten gar nicht so schlimm seien, kulturelle Vielfalt eine Bereicherung darstelle und das Asylrecht in der Verfassung stehe. Was wir dann vielmehr tun müssten, ist, die richtigen Grenzen in aller Deutlichkeit zu ziehen, damit das Bedürfnis nach den falschen nicht bis zu einem selbstzerstörerischen Maße wächst. Zuallererst sind das die Grenzen zwischen öffentlichem und privatem Raum. Diese Grenzen neu zu ziehen, bedeutet, zu einem würdigen, entprivatisierten gesellschaftlichen Umgang zurückzufinden. Das erfordert ein Zur-Besinnung-Kommen des politischen und journalistischen Selbstverständnisses. Es erfordert aber auch staatliche Regulierung der digitalen Sphäre, die den Rating-Wahn beenden muss, spätestens dann, wenn er sich auf Individuen richtet.

Eine weitere wichtige, auch politische Grenze ist die zwischen Ich und Du. Eine unserer wichtigsten demokratischen Grundregeln lautet: *Die Freiheit des einen endet an der Grenze der Freiheit des anderen.* Wenn das anschwellende Turbo-Ich die Grenze zwischen

Du und Ich nivelliert, funktioniert dieses Grundprinzip nicht mehr, weil jedes einzelne Ich seinen Freiheitsraum von hier bis zum Horizont ziehen will und sich nur dann nicht bedroht fühlt, wenn alle anderen genauso denken, aussehen und sich verhalten wie es selbst. Dann wird plötzlich jede Abweichung als Angriff auf die eigene Integrität empfunden. Der aggressive Konformismus, das große Hausmeistertum der Turbo-Ichs ist das Gegenteil von gelingendem Miteinander. Er ist ein schleichendes Gift für die liberale Demokratie.

Ich sage voraus, dass die Politikverdrossenheit und damit auch der Rechtspopulismus immer weiter anwachsen werden, solange wir nicht der Tatsache Rechnung tragen, dass wir es mit einer geistesgeschichtlichen Entwicklung zu tun haben, die virulenter ist als jede digitale Revolution. Die Bürger beginnen, ihre Inkompatibilität mit dem demokratischen System zu spüren, immer mehr verabschieden sich offen davon, durch Nicht-Wählen, durch verächtliche Rhetorik, durch Anschluss an demokratiefeindliche Bewegungen. Die Stimmung wird gereizter, der Diskurs hysterischer. Der gesellschaftliche Frieden gerät in Gefahr.

Wir müssen das Problem an der Wurzel packen. Öffentlichkeit braucht keine hysterisch aufgeheizten Diskurse, kein Sperrfeuer der Meinungen, sondern Objektivität, einen gemeinsamen Boden, auf dem wir alle stehen können. Diesen gilt es zurückzuerobern.

Also Schluss mit dem Selfie-Journalismus, Schluss mit Meinungsfetischismus und selbsterzeugter Postfaktizität! Journalismus darf nicht länger als Ich-Erzählung begriffen werden, sondern muss sich der hehren Aufgabe widmen, eine gemeinsame Erkenntnisgrundlage herzustellen, auf der wir uns politisch und gesellschaftlich bewegen können. Weder Internet noch Anzeigenkrise taugen als Ausrede für eine Hinwendung zum Turbo-Ich auf beiden Seiten des Redaktionstischs. Wenn ›Haltung‹ das Heilmittel ist, dann ist damit nicht das Heraustrompeten persönlicher Ansichten gemeint. Sondern ein selbstbewusstes Einstehen für allgemeingültige Prinzipien.

Ebenso Schluss mit der Attitüde von Politikern, sich wie der Kumpel von nebenan zu benehmen! Schluss mit jener ›Bürgernähe‹, die seit Jahren mit Politikentfremdung beantwortet wird. Weg mit Facebook- und Twitter-Accounts und überhaupt mit allen Kanälen, in denen Politiker eine Vermengung von privater und öffentlicher Person erzeugen! Wenn ein Politiker der Öffentlichkeit etwas mitteilen möchte, kann er das im Parlament tun oder auf einer Pressekonferenz oder im Rahmen eines Interviews.

Schluss auch mit dem Aufspielen als Bedürfniserfüller! Ein Politiker ist keine Wunschfee, weder für Lobbyisten, noch für den einzelnen Bürger. Tut er trotzdem so, als sei er für das Wohlergehen jedes Menschen im Land verantwortlich, züchtet er immer neue Turbo-Ichs und erzeugt dabei ein falsches Bild von Politik und Demokratie. Ein Bild, das immer nur enttäuschen kann. Wachsende Verachtung für die politische Klasse ist vorprogrammiert.

Aber nicht nur Journalismus und Politik müssen aufhören, das Turbo-Ich in den Blick zu nehmen. Wir alle müssen uns an die eigene Nase fassen und den mündigen Bürger in uns wiederentdecken. Lernen wir, unsere persönlichen Bedürfnisse und Ängste nicht zum Maßstab für das Funktionieren von Politik zu machen! Der Weg aus der Ego-Falle führt über eine Ausrichtung des individuellen Handelns an überindividuellen Werten. Falls jemand bezweifeln sollte, dass diese Werte noch existieren, empfehle ich einen Blick in die Verfassung.

Es geht dabei nicht nur um die Wiederherstellung des gesellschaftlichen Friedens, sondern auch um eine Rückkehr zur persönlichen Zufriedenheit. Nur durch eine Eindämmung des Turbo-Ichs können wir uns vom überdrehten Tempo unserer täglichen Existenz befreien. ›Entschleunigung‹ bedeutet nicht, weniger oder langsamer zu arbeiten, sondern sich selbst weniger wichtig zu finden. Einem Turbo-Ich fällt es schwer, das Smartphone beiseite zu legen, weil es das Gefühl hat, dass es selbst oder die Welt auseinanderfällt, wenn es mal offline geht. Als Turbo-Ich werden wir niemals angstfrei leben. Das Turbo-Ich ist eine ewig bedrohte Existenz, bedroht vom Zerfall, vom Scheitern, von allem Fremden oder Unverständlichen. Eine Schnecke ohne Haus. Das Turbo-Ich hindert uns daran, echte Zugehörigkeit zur Gemeinschaft zu empfinden. Diese brauchen wir aber für unsere psychische Gesundheit.

Besinnen wir uns auf das große Ganze, auf das, was unsere persönliche Existenz übersteigt! Denn es *gibt* echte Zugehörigkeiten, es gibt ein Zuhause, das größer ist als die vier Wände von Mietwohnung oder Eigenheim. Wir können den Gegenstand unserer Zugehörigkeit ›Heimat‹ nennen oder Deutschland oder Europa oder Verfassung oder Demokratie – gemeint ist meistens dasselbe. Warum sollten wir die Liebe zur Gemeinschaft denn den Freiheitsfeinden überlassen, die sie nationalistisch färben? Die unter ›Grenzen‹ vor allem Mauern und Zäune verstehen? Die vergeblich hoffen, sich selbst wieder sicher und intakt zu fühlen, wenn sie alles Abweichende ausgesperrt haben?

Es besteht kein Anlass zur Identitätspanik. Wir teilen ein breites gemeinsames Wertefundament, und wir haben eine gemeinsame Aufgabe. Diese besteht zu Beginn des 21. Jahrhunderts in unseren Breitengraden nicht mehr darin, revolutionäre Änderungen, Umstürze oder auch nur die vielbeschworenen Radikalerneuerungen herbeizuführen. Sondern zu bewahren und zu verteidigen, was wir von unseren Vorfahren übernommen haben. Ein wunderbares Geschenk, um das uns die ganze Welt beneidet.

Denn Demokratie braucht keine Turbo-Ichs. Demokratie braucht Rückgrat, und das Rückgrat sind wir.

Bei jedem Blick in den Spiegel. Bei jedem Klick am Computer. Bei jedem Schritt vor die Tür. Vielen Dank.

Andreas Narr

Vom Experiment zur Institution.
Die Tübinger Mediendozentur – ein Nachwort

Als die *Tübinger Mediendozentur* 2003 gegründet wurde, war die mediale Welt noch vergleichsweise übersichtlich und geordnet, auch wenn das sicherlich nicht überall so empfunden wurde. Es gab den öffentlich-rechtlichen Rundfunk, die Zeitungen und einige private Rundfunkanbieter, die meisten in Verlegerhand. Über Social Media sprach noch keiner, Facebook startete gerade als Versuchsplattform für Studierende in Stanford und niemand konnte erahnen, welche Dynamik sich daraus nicht nur für die Medien, sondern die ganze (Welt-)Gesellschaft entwickeln sollte.

Insofern war die Auftaktrede des SWR-Intendanten Peter Voß so eine Art Heimspiel in einer »gemäßigten Zeit« (Sascha Lobo). Von Erosion oder gar Bedrohung war bei den öffentlich-rechtlichen Sendern noch nichts zu spüren, auch machten die Zeitungen trotz rückgängiger Werbeinahmen und Abonnenten noch ordentliche Gewinne. Der Feind jedenfalls war in der öffentlichen Debatte jeweils der andere und generell die Politik, die gebetsmühlenartig von beiden Seiten dafür gerügt wurde, keine geeigneten Rahmenbedingen zu schaffen.

Vielleicht wurde unterschätzt, dass die ›alten‹ Medien tatsächlich schon mächtig unter Druck standen. Google war gut etabliert und bot dem Nutzer zeitsouverän Informationen, auch aktuelle Nachrichten. *Spiegel Online* entwickelte mit seinem weltweit ersten digitalen Nachrichtenmagazin eine neue Plattform, die sich am Markt durchsetzte und mit der man – entgegen aller Dementis – auch Geld verdienen konnte. Peter Voß beschrieb in seiner Rede im Grunde noch die heile Welt seines Senders als Teil eines journalistischen Systems mit Verbreitungsmonopol. Journalisten, die sich als Gatekeeper verstanden, beherrschten die öffentliche Meinung und prägten durch ihr Agendasetting das Meinungsbild unserer Gesellschaft.

Heute gibt es keine Gatekeeper mehr, und das Nutzungsverhalten der Medien hat sich fundamental verändert. Jeder ist gleichzeitig Sender und Empfänger, im Netz gibt es weder Grenzen noch Schleusen. Was nicht heißt, dass guter Journalismus überflüssig geworden wäre. Ganz im Gegenteil, er ist wichtiger und notwendiger denn je, wenn man ihn begreift als Orientierungshilfe und Leitplanke in einer Welt, die sich durch Digitalisierung und Künstliche Intelligenz dramatisch verändert hat und sich weiter und immer schneller verändern wird.

Mit der *Tübinger Mediendozentur* sollte ein Forum geschaffen werden, in dem diese Entwicklungen reflektiert, diskutiert und gespiegelt werden können. Einschlägige Erfahrungen hatte man schon. Schließlich widmete sich die Universität und dort insbesondere die Sprachwissenschaft bereits in den 1980er-Jahren der Erforschung der Medien. Es wurde echte Pionierarbeit geleistet.

Im Fokus stand die *Sprache* der Massenmedien, besonders bei Fernsehnachrichten. Dabei wurde von Anfang an auf einen engen Schulterschluss mit der Praxis Wert gelegt. Gemeinsam mit Journalisten wurden Seminare und Vorlesungsreihen entwickelt, in denen sehr praxisnah Phänomene der medialen Kommunikation untersucht wurden. Dies war wegweisend in der deutschen Hochschullandschaft, und ich bin meinem Doktorvater Erich Strassner dankbar, dass er mir die Gelegenheit bot, das journalistische Arbeiten mit wissenschaftlichen Methoden zu durchleuchten, zu hinterfragen und letztlich zu verstehen.

Mit der Gründung des Instituts für Medienwissenschaft bekam diese Forschung 2010 einen eigenständigen organisatorischen und institutionellen Rahmen. Die verbriefte Kooperation der Universität mit dem SWR stellte den Praxisbezug sicher und manifestierte ihn als eine Art Leitidee. Gründungsdirektor des neuen Instituts war Bernhard Pörksen, der in seiner Eröffnungsrede von einer »Gestaltungschance und akademischen Glückserfahrung« sprach. Dies galt natürlich auch der *Tübinger Mediendozentur*, die nun zum festen Bestandteil der philosophischen Fakultät geworden ist.

Wenn man so will, war sie bis dahin ein Experiment. Es gab zwar einen Vertrag, aber ob es gelingen würde, diesen mit Leben zu füllen, blieb dahingestellt. Weder an der Universität noch beim SWR gab es Strukturen oder Geld für seine Umsetzung. Letztlich waren es eine Handvoll Leute, die mit viel Enthusiasmus und Engagement ans Werk gingen.

Was war die Idee der *Tübinger Mediendozentur*?

Angestoßen vom SWR Studio Tübingen sollte die bewährte Partnerschaft mit der Universität, die seit Gründung des Studios in den 1950er-Jahren bestand, ein festes Fundament bekommen. Natürlich nicht ohne Eigennutz, denn die Universität war und ist bis heute ein ergiebiges Reservoir für journalistischen Nachwuchs, der im Studio mit seiner flachen Hierarchie und vielen Arbeitsmöglichkeiten quer durch den journalistischen Baukasten hervorragende Voraussetzungen vorfindet. Nicht wenige der

›Tübinger‹ haben später im Sender oder der ARD beachtliche Karrieren gemacht.

Ziel war es, diese gedeihliche Zusammenarbeit dauerhaft zu sichern. Dazu wurde ein zweigliedriges Konzept entwickelt, das aus einem Workshop für Studierende und der Rede eines prominenten Medienmenschen für die interessierte Öffentlichkeit besteht. Das Thema der Rede ist mit denen des Workshops eng verknüpft, so dass die beiden ›Säulen‹ auch inhaltlich miteinander verbunden sind. Bei dem Workshop geht es darum, Radiobeiträge oder Fernsehfilme zu produzieren, die den Qualitätsansprüchen des SWR genügen sollten. Dieser stellt journalistische Unterstützung zur Seite.

Ein wichtiger Partner ist das Zentrum für Medienkompetenz (ZFM), die zentrale Ausbildungsstätte der Universität für den Nachwuchs in den Medien. Dort können technische Medienberufe erlernt werden, es dient aber auch als Testlabor für angehende Journalistinnen und Journalisten. Die Studierenden können auf gut ausgestattete Studios und moderne Produktionsmittel zurückgreifen und sind damit in der Regel gut für die Workshops gerüstet. Ihre Beiträge werden regelmäßig auf den Plattformen des Zentrums veröffentlicht.

Das Aushängeschild der *Tübinger Mediendozentur* ist sicherlich der Vortrag. Er ist mittlerweile so nachgefragt, dass die 1.000 Plätze im Festsaal der Universität nicht reichen und er deshalb auch in andere Hörsäle übertragen wird. Die Liste der Mediendozenten liest sich wie ein Who's who der Medienwelt. Ihre Reden werden live im Netz gestreamt, der SWR berichtet umfassend linear und online. Es gibt kaum eine andere akademische Veranstaltung in Tübingen, die ähnlichen Widerhall findet – im Übrigen regelmäßig auch in der regionalen und überregionalen Presse. Die Tübinger Mediendozentur hat sich zu einer festen Größe in der Stadt und weit darüber hinaus entwickelt. Aus einem Experiment ist eine Institution geworden.

In den Vorträgen der Anfangsjahre ging es noch überwiegend um das Thema ›Qualitätsjournalismus‹ und wie sich dieser in Zeiten aufkeimender digitaler Konkurrenz behaupten könnte. Claus Kleber, mittlerweile Honorarprofessor am Institut, sprach 2005 über seine Erfahrungen als Korrespondent in den USA, wo die Rolle des Fernsehens als »Plattform für einen Wettstreit der großen Ideen« längst verloren gegangen sei, weil sich die Mächtigen ihrer eigenen Kanäle bedienten, zum Beispiel des quasi Regierungskanals Fox. Das funktioniert bis heute, mit dem Unterschied, dass Fox bestenfalls noch Beiwerk für Kampagnen ist, die natürlich längst sehr effektiv über die sozialen Netzwerke abgefeuert werden. Donald Trump beherrscht das aus dem Effeff.

Frank Plasberg sprach im Jahr darauf über Politikverdrossenheit und die Rolle der Medien, orientierte sich aber in der Art der Herangehensweise noch am alten System, genauso wie Maybrit Illner, die über das langsame Sterben des investigativen Journalismus referierte, als Folge des Zeitdrucks und der Einsparungen in den Redaktionen.

Mit einem großen programmatischen und visionären Vortrag setzte der inzwischen verstorbene Journalist und Mit-Herausgeber der FAZ Frank Schirrmacher einen herausragenden Akzent in der Geschichte der *Tübinger Mediendozentur*. Seine 2011 gehaltene Rede war ein intellektuelles Ereignis. Nach der präzisen Analyse einer Medienwelt im Umbruch überraschte er das Publikum mit dem Bekenntnis, dass sein Kopf mit den Entwicklungen nicht mehr mithalte. Er warnte vor den Gefahren der Manipulation großer Internetkonzerne und hob die Bedeutung unabhängiger freier Medien hervor. Fast pathetisch rief er dem Publikum zu: »Und das Papier wird bleiben!«.

Der Chef des Axel-Springer-Verlags, Mathias Döpfner, verbreitete 2014 Aufbruchstimmung. Der Umbruch durch die Digitalisierung bringe zwar sinkende Auflagen und schwindende Werbeerträge, eröffne aber auch neue Geschäftsfelder. Online-

Journalismus könne viel tiefgründiger sein, weil der Platz keine Rolle spiele und es keinen Redaktionsschluss gäbe. Den großen Internetkonzernen wie Google werde es nicht gelingen, die Hoheit über journalistische Inhalte zu gewinnen. Unabhängig recherchierter Journalismus stoße gerade bei der jungen Generation immer mehr auf Interesse – eine freundliche, aber doch auch diskussionswürdige Einschätzung.

Hervorheben möchte ich an dieser Stelle noch den Auftritt von Sascha Lobo 2016. Ich schreibe bewusst ›Auftritt‹, denn es war nicht nur eine Rede, sondern eine Art Performance und insofern ein Paradigmenwechsel. Lobo hatte weder Manuskript noch Pult, sondern Tablet und im Saal einen riesigen Bildschirm. Darauf tanzten Bilder, Grafiken und Zitate, die seinen Botschaften Nachdruck verliehen. Dramaturgischer Höhepunkt war sein Finale. Mit dem durchdringenden Appell »Reclaim Social Media« verließ er die Bühne.

Das hat uns gezeigt, dass sich mit der medialen Welt auch die Formen verändern, mit deren Hilfe wir diese Veränderung reflektieren. Auch Ranga Yogeshwar (2019) setzte in seinem Vortrag in anderer Unmittelbarkeit auf den Austausch mit dem Publikum. Er verließ mit Witz und Verve das Korsett einer klassischen Vorlesung, die ja an das etablierte bzw. massenmediale Sender-Empfänger-Modell erinnert. Und er kritisierte – dies ist ein verbindendes Motiv aller Analysen seit dem Start der Mediendozentur im Jahre 2003 – die Neigung zum Häppchen- und Schnell-schnell-Journalismus, dem es an Tiefenschärfe fehlt. Es stimmt, dass auch im Journalismus bewährte Formen seriöser Analyse unter Druck geraten und selbst Qualitätsmedien wie der SWR Informationen manchmal vor allem ›snackable‹ verpacken. Das Inszenieren scheint wichtiger geworden zu sein als das Informieren und über der Botschaft steht allzu oft das eigene Ich, das in extremer Ausprägung zum »Turbo-Ich« (Juli Zeh) ausarten kann.

Allein vor diesem Hintergrund gibt es keine Alternative zu gutem, das heißt unabhängigem Journalismus. Natürlich muss dieser in einer zeitgemäßen Form daherkommen, d.h. mit adäquat aufbereiteten Themen auf allen Verbreitungswegen. Und es dürfen auch Infotainment-Elemente enthalten sein, sofern sie der journalistischen Qualität nicht im Wege stehen. Immerhin liefern viele Zeitungen und öffentlich-rechtliche Sender nach wie vor das Angebot eines geordneten und einordnenden Überblicks über das Zeitgeschehen. Die Nutzer bekommen professionell ausgewählte, recherchierte, gegebenenfalls kommentierte Themen quasi auf dem Silbertablett – als Grundlage für eine unabhängige Meinungsbildung und damit letztlich das Funktionieren der Demokratie. Guter Journalismus ist eine Dienstleistung für die Gesellschaft.

Aber die Gesellschaft muss dieses Angebot *wollen* und das heißt auch bezahlen. Viele Zeitungen kämpfen ums Überleben oder sie fusionieren, was zu Lasten der Pluralität geht. Und auch das öffentlich-rechtliche System ist längst nicht mehr unangefochten. Insbesondere in den neuen Bundesländern bröckelt die Akzeptanz in teilweise beängstigendem Ausmaß und immer mehr Menschen sind nicht mehr bereit, ›Zwangsgebühren‹ zu bezahlen. Da Rundfunk Ländersache ist und Rundfunkstaatsverträge von den Länderparlamenten gemacht werden, sind in der Politik Mehrheiten erforderlich – aber nicht mehr sicher. In regelmäßigen Abständen wird um eine Anpassung der Medienbeiträge gestritten, die erforderliche Zustimmung aller Bundesländer kann aber nicht mehr vorausgesetzt werden. Und wie lange der höchstrichterliche Bestandschutz der öffentlich-rechtlichen Sender tatsächlich erhalten werden kann, steht in den Sternen.

In dem von Bernhard Pörksen und mir 2015 veröffentlichten Buch *Die Idee des Mediums*, das die Vorträge von Frank Schirrmacher, Mathias Döpfner und vielen anderen Mediendozenten enthält, ist im Vorwort zu lesen, dass es seitens der Sozial- und Geisteswissenschaften sowie vieler Journalisten nur Schweigen zum Bedeutungsverlust klassischer Medien gäbe. An der Diagnose, dass sich gerade die (nicht nur wissenschaftlichen und journalistischen) Eliten dezidierter einmischen sollten, hat sich wenig geändert.

Deshalb ist es wichtig, dass es Institutionen wie die *Tübinger Mediendozentur* gibt, denn sie kann eine Plattform für den (kritischen) Diskurs schaffen. Und wir sind froh über die enorme Resonanz in den vergangenen Jahren.

Ich möchte mich auch im Namen von Bernhard Pörksen bei allen bedanken, die zu diesem Erfolg beigetragen haben: Zunächst der Universität Tübingen, Rektor Bernd Engler und Kommunikationschef Karl Guido Rijkhoek, die verlässlichen Rückenwind und nachhaltige Unterstützung geben. Zu besonderem Dank verpflichtet sind wir für das langfristige strategische Engagement Frank Naumann und Bernhard Hettich als Vertreter der CHT-Germany. Ebenso dem Universitätsbund Tübingen und der Kreissparkasse Tübingen für die Unterstützung bei den Herstellungskosten unserer Publikationen.

Gewürdigt werden soll an dieser Stelle auch die gute begleitende Arbeit des Zentrums für Medienkompetenz, stellvertretend Susanne Marschall, Kurt Schneider und Oliver Häussler. Nicht zuletzt geht unser Dank an die Mitarbeiterinnen und Mitarbeiter in unseren Büros, an das Institut für Medienwissenschaft, an Monika Röder beim SWR sowie die Mentorinnen und Mentoren der Workshops.

Quellen und Entstehungskontext

Die Einführung basiert auf einem Essay, den Bernhard Pörksen zuerst in der *Zeit* veröffentlicht und für die Zwecke dieses Buches überarbeitet hat (siehe: *Die Zeit*, Nr. 42, 11. Oktober 2018, S. 73f.). Die kurzen Einleitungen zu den Beiträgen in diesem Buch gehen in Teilen auf publizistische Arbeiten zurück (Essays für Zeitungen und das Radio), die ebenso von Bernhard Pörksen stammen.

Richard Gutjahr hielt seinen Vortrag auf Einladung der Tübinger Medienwissenschaft am 28. Januar 2019 und hat seine frei vorgetragene Rede für die Zwecke dieses Buches überarbeitet.

Georg Mascolo war Inhaber der Tübinger Mediendozentur 2017 und hielt die hier abgedruckte Rede am 20. Juni 2017.

Sascha Lobo war Inhaber der Tübinger Mediendozentur 2016 und hielt die hier abgedruckte Rede am 7. Juni 2016.

Miriam Meckel war Inhaberin der Tübinger Mediendozentur 2015 und hielt die hier abgedruckte Rede am 18. Juni 2015.

Ranga Yogeshwar war Inhaber der Tübinger Mediendozentur 2019; er hat seine frei vorgetragene, am 21. Mai 2019 gehaltene Rede für die Zwecke dieses Buches überarbeitet.

Juli Zeh war Inhaberin der Tübinger Mediendozentur 2018 und hielt die hier abgedruckte Rede am 12. Juli 2018.

Index

Medienpraxis

BERNHARD PÖRKSEN / ANDREAS NARR
(Hrsg.)

Die Idee des Mediums. Reden zur Zukunft des Journalismus

edition medienpraxis, 12
2015, 224 S., 9 Abb., Hardcover (Faden),
190 x 120 mm, dt.
ISBN 978-3-86962-146-3

Die Lage ist paradox: In einer Phase ökonomischer Schwäche, in einem Moment sinkender Anzeigenerlöse und erodierender Geschäftsmodelle sind Medien so mächtig wie noch nie. Aber diese Macht hat ihr institutionelles Zentrum verloren. Sie besitzt keinen festen Ort, denn Medien sind längst überall. Heute entsteht die neue Macht der Medien in einem plötzlichen aufschäumenden Wirkungsnetz aus Schlagzeilen, Blogeinträgen, frei flottierenden Dokumenten und Daten und der gerade aktuellen Wutwelle, die durch die sozialen Netzwerke rauscht. Der schrille Ton und der atemlose Wettlauf um Quoten und Auflagen verändern das Debattenklima der Republik, trivialisieren die Politik und verwandeln alle Beteiligten in Getriebene. Wie lässt sich, so lautet die Kernfrage, in dieser Situation die Idee des Mediums neu bestimmen? Welche Form medialer Vermittlung begünstigt Qualität? Brauchen wir einen entschleunigten Journalismus? Auf welche Weise lässt sich das Überleben der Qualitätszeitungen sichern? Und wie bewahrt sich der Journalismus jene kritisch-kreative Unberechenbarkeit, die ihn unersetzbar macht?

Engagierte und erhellende, streitbare und überraschende Antworten geben einige der einflussreichsten Medienmacher des Landes. Zu Wort kommen in den hier abgedruckten Reden: Ulrich Deppendorf, Mathias Döpfner, Hans Leyendecker, Giovanni di Lorenzo, Miriam Meckel, Frank Schirrmacher, Cordt Schnibben, Alice Schwarzer und Roger Willemsen (Schriftsteller).

 HERBERT VON HALEM VERLAG
Schanzenstr. 22 · 51063 Köln
http://www.halem-verlag.de
info@halem-verlag.de

Medienpraxis

ELIZABETH PROMMER /
CHRISTINE LINKE

**Ausgeblendet.
Frauen im deutschen Film und
Fernsehen**

edition medienpraxis, 17

2019, 184 S., 40 Abb., Broschur,
213 x 142 mm, dt.

ISBN (Print)   978-3-86962-428-0
ISBN (E-Book) 978-3-86962-429-7

Frauen sind im deutschen Film und Fernsehen unterrepräsentiert. Auf eine Frau kommen ab einem Alter von 30 Jahren etwa zwei, ab 50 Jahren sogar drei Männer. Die Rollenklischees – hübsche junge Frau, starker, kluger Mann – scheinen zementiert. Frauen sind dabei nicht nur seltener sichtbar, sie sind auch kürzer zu sehen und haben deutlich weniger Wortanteile.

Dies sind die Ergebnisse einer von der Schauspielerin Maria Furtwängler initiierten und von der Universität Rostock durchgeführten Studie zum Thema ›Audiovisuelle Diversität‹. Es sind seit Jahrzehnten die ersten belastbaren und repräsentativen Zahlen, um die Schieflage in der Präsenz und der Rolle von Frauen in den Medien zu zeigen. Dazu wurden 2016 insgesamt 3.500 Stunden Fernsehen und 800 deutsche Kinofilme ausgewertet.

Männer erklären uns die Welt: Sie sind die Experten, die Journalisten, Sprecher und die Gameshow-Hosts. Die Ungleichheit im Kinderfernsehen ist noch größer: Hier kommen auf eine Mädchenfigur gleich drei Jungen und gezeichnete Tiere und Fantasiefiguren sind überwiegend männlich.

HERBERT VON HALEM VERLAG
Schanzenstr. 22 · 51063 Köln
http://www.halem-verlag.de
info@halem-verlag.de

Medienpraxis

STEPHAN RUSS-MOHL

**Die informierte Gesellschaft
und ihre Feinde.
Warum die Digitalisierung unsere
Demokratie gefährdet**

edition medienpraxis, 16
2017, 368 S., 21 Abb., 213 x 142 mm, dt.

ISBN (Print)   978-3-86962-428-0
ISBN (E-Book) 978-3-86962-429-7
ISBN (E-Book) 978-3-86962-276-7

Fake News, Halbwahrheiten, Konspirationstheorien – die Ausbreitung der Desinformation in der digitalisierten Welt, insbesondere in sozialen Netzwerken wie Facebook und Twitter, wird immer mehr zur Bedrohung und zur Herausforderung für unsere Demokratie. Das Buch analysiert, welche kurz- und langfristigen Trends die Aufmerksamkeitsökonomie in eine Desinformationsökonomie verwandeln: Welche Rolle spielen dabei Journalismus und Public Relations, aber auch die Echokammern im Netz und die Algorithmen der IT-Giganten? Wie kann man denjenigen entgegenwirken, die aus kommerziellen oder machtpolitischen Motiven an medialer Desinformation und an der Destabilisierung unserer Demokratie interessiert sind?

HERBERT VON HALEM VERLAG
Schanzenstr. 22 · 51063 Köln
http://www.halem-verlag.de
info@halem-verlag.de